प्रतिनिधि कविताएँ

वीरेन डंगवाल

सम्पादक

पंकज चतुर्वेदी

राजकमल पेपरबैक्स

राजकमल पेपरबैक्स में
पहला संस्करण : 2022

राजकमल पेपरबैक्स : उत्कृष्ट साहित्य के जनसुलभ संस्करण

राजकमल प्रकाशन प्रा.लि.
1-बी, नेताजी सुभाष मार्ग, दरियागंज
नई दिल्ली-110 002

शाखाएँ : अशोक राजपथ, साइंस कॉलेज के सामने, पटना-800 006
पहली मंजिल, दरबारी बिल्डिंग, महात्मा गांधी मार्ग, प्रयागराज-211 001
36 ए, शेक्सपियर सरणी, कोलकाता-700 017

वेबसाइट : www.rajkamalprakashan.com
ई-मेल : info@rajkamalprakashan.com

बी.के. ऑफसेट
नवीन शाहदरा, दिल्ली-110 032
द्वारा मुद्रित

मूल्य : ₹99

PRATINIDHI KAVITAYEIN
Representative Poems of Viren Dangwal
Edited by Pankaj Chaturvedi

ISBN : 978-93-93768-88-9

वीरेन डंगवाल

वीरेन डंगवाल का जन्म 5 अगस्त, 1947 को कीर्तिनगर, टिहरी गढ़वाल में हुआ था। उन्होंने मुज़फ़्फ़रनगर, सहारनपुर, कानपुर, बरेली और नैनीताल में शुरुआती शिक्षा के बाद इलाहाबाद विश्वविद्यालय से हिन्दी में एम.ए. और आधुनिक हिन्दी कविता के मिथकों और प्रतीकों पर डी.फ़िल. की उपाधि हासिल की। 1971 से बरेली कॉलेज में अध्यापन किया। साथ ही, हिन्दी और अंग्रेज़ी में पत्रकारिता की।

उनके प्रकाशित कविता-संग्रह हैं—'इसी दुनिया में' (1991), 'दुश्चक्र में स्रष्टा' (2002) और 'स्याही ताल' (2009)। एक संचयन 'कवि ने कहा' (2012) और सम्पूर्ण कविताएँ 'कविता वीरेन' शीर्षक से (2018)। तुर्की के महाकवि नाज़िम हिकमत की कविताओं के अनुवाद 'पहल पुस्तिका' के रूप में।

विश्व कविता से पाब्लो नेरुदा, बेर्टोल्ट ब्रेष्ट, वास्को पोपा, मीरोस्लाव होलुब, तदेऊष रूज़ेविच आदि की कविताओं के अलावा कुछ आदिवासी लोक-कविताओं के अनुवाद। कई कविताओं के अनुवाद बांग्ला, मराठी, पंजाबी, ओड़िया, मलयालम, मैथिली और अंग्रेज़ी में प्रकाशित।

इलाहाबाद से प्रकाशित 'अमृत प्रभात' में कुछ वर्ष 'घूमता आईना' शीर्षक से स्तम्भ-लेखन किया। अरसे तक दैनिक 'अमर उजाला' के सम्पादकीय सलाहकार और 'जन संस्कृति मंच' के राष्ट्रीय उपाध्यक्ष रहे।

उन्हें 'रघुवीर सहाय स्मृति पुरस्कार' (1992), 'श्रीकांत वर्मा स्मृति पुरस्कार' (1993), 'शमशेर सम्मान' (2002) और 'दुश्चक्र में स्रष्टा' के लिए 'साहित्य अकादेमी पुरस्कार' (2004) से सम्मानित किया गया।

28 सितम्बर, 2015 को कैंसर से आकस्मिक निधन।

'वीरेनियत' का मतलब

बड़ा कवि वह है, जो अपने बड़े होने को बार-बार सत्यापित करता है। अच्छा कवि उसे कह सकते हैं, जिसकी रचना की सिर्फ़ कुछ पंक्तियों में नहीं, बल्कि समूची संरचना में कविता विन्यस्त हो। बड़ा कवि अधिकतर ऐसी रचनाओं को सम्भव करता है। *अन्यथा, जहाँ है भाव शुद्ध / साहित्य-कला-कौशल-प्रबुद्ध, / हैं दिये हुए मेरे प्रमाण'*—निराला की इन पंक्तियों में *'प्रमाण'* की बहुवचनीयता ग़ौरतलब है। संख्या-बल में वीरेन डंगवाल का काव्य-अवदान अपेक्षया भले कम हो, मगर श्रेष्ठ कविताओं के औसत के लिहाज़ से वह बड़े कवि हैं। यह प्रतिशत कुछ-कुछ वैसा है, जैसा रन औसत क्रिकेट की दुनिया में दिग्गज बल्लेबाज़ डॉन ब्रॅडमन ने सम्भव किया। बहरहाल। उनके पहले संग्रह की पहली कविता की शुरुआत में ही मृत्यु की परिस्थिति का विचार सहसा विचलित कर देता है। जैसे आरम्भ में ही अन्त की मर्मस्पर्शी प्रस्तावना लिखी हुई है—

एक दिन चलते-चलते
यों ही ढुलक जाएगी गरदन
सबसे ज़्यादा दुख
सिर्फ़ चश्मे को होगा,
खो जाएगा उसका चेहरा
अपनी कमानियों से ब्रह्मांड को जैसे-तैसे थामे
वह भी चिमटा रहेगा मगर

एक स्तर पर देखें, तो कवि की आत्मीयता इतनी गहन है कि वह चश्मे जैसी वस्तु को भी एक सजीवता या कहें कि *मानवीयता* से संपलित करने में सक्षम है, मगर उसी समय एक दूसरे स्तर पर यह आधुनिक समय में इनसान के अथाह और अप्रत्याशित अकेलेपन की भी कविता है—यों कि उसे लगता है कि उसके अवसान पर *सबसे ज़्यादा दुख* किसी परिजन-स्वजन-मित्र-प्रिय सरीखे मनुष्य को नहीं होगा, बल्कि *सिर्फ़ चश्मे को होगा,* क्योंकि वह अपना चेहरा खो देगा! उस विकट परिस्थिति में भी—अपने अपरिहार्य प्रेम के चलते—वह जैसे-तैसे *ब्रह्मांड* को थामे रहेगा। एक तो बाह्य विश्व होता है और दूसरा आभ्यंतरीकृत। संवेदना, चिन्तन, सौन्दर्य-बोध और कल्पना के स्तर पर यह दूसरा विश्व ही—जिसे हम अपनी चेतना में धारण करते हैं—हमारा वास्तविक विश्व या ब्रह्मांड है। कवि का निकष या इम्तिहान भी यही होता है कि कितने बड़े विश्व को वह आत्मसात् कर सका है।

कविता आगे बढ़ती है और कवि अपनी ही ज़िन्दगी को प्रश्नांकित करता है। शीर्षक के रूप में भी यही प्रश्न है : *कैसी ज़िन्दगी जिये!* अपने समकालीनों में वीरेन शायद सबसे सघन और तीखी आत्मालोचना के कवि हैं। यह काम कविता के अपने पूरे सफ़र में वह लगभग निरन्तर करते रहे। आत्म-औचित्य की सन्तुष्टि, क्रान्तिकारी होने के दर्प, ख़ुशफ़हमी या आत्म-श्लाघा से दूर वह अपनी वंचना, विवशता, बेचैनी, तकलीफ़ और विफलता का एक सहज, पारदर्शी और मार्मिक वृत्तांत रचते हैं। किसी भी दूसरे आम इनसान की मानिंद जीवन में क्या नहीं करना पड़ा—इस विषमताग्रस्त सामन्ती और उत्तर-औपनिवेशिक सामाजिक व्यवस्था में हम किस क़दर अपमानित रहने को मजबूर होते हैं, उसका यह कितना संश्लिष्ट बिम्ब है—

कभी म्याऊँ बोले
कभी हँसे, दुत्कारी हुई ख़ुशामदी हँसी

और इस चित्रण का अन्त एक उद्विग्न आत्म-स्वीकार में होता है : *कैसी निकम्मी ज़िन्दगी जिये।* ऐसी निर्मम आत्मालोचना के लिए बहुत निश्छलता और साहस चाहिए।

वीरेन अभिजन के नहीं, जन के कवि हैं। सम्भ्रान्त जन तो समृद्ध, सशक्त, सुख-भोग-रत और सन्तुष्ट हैं ही; लेकिन उनका यह ऐश्वर्य और आह्लाद मूल्यनिष्ठा से उनकी विमुखता का नतीजा है—

हवा तो ख़ैर भरी ही है कुलीन केशों की गन्ध से
इस उत्तम वसन्त में
मगर कहाँ जागता है एक भी शुभ विचार

लाज़िम है कि कवि उस निष्क्रियता पर पड़ा परदा उठाता और उस पर चोट करता है, जिसमें हमारे समाज का उच्च-मध्य और मध्यवर्ग लिप्त है और थोड़ी-बहुत शर्मिंदगी को ही अपने कर्तव्य-पालन का पर्याय मानता है—

खरखराते पत्तों में कोंपलों की ओट में
पूछते हैं पिछले दंगों में क़त्ल कर डाले गए लोग
अब तक जारी इस पशुता का अर्थ
कुछ भी नहीं किया गया
थोड़ा बहुत लज्जित होने के सिवा

यह कविता तक़रीबन अड़तीस बरस पहले 1984 में लिखी गई थी, लेकिन एकदम नई और प्रासंगिक लगती है; क्योंकि जिस विडंबना का आख्यान इसमें है, वह आज भी जारी है, बल्कि अब तो और हिंसक रूप में। वीरेन, निराला, नागार्जुन, शमशेर और रघुवीर सहाय जैसे पूर्वज कवियों के अलावा मुक्तिबोध की परम्परा से बहुत गहरे जुड़े हुए कवि हैं और अपने पहले संग्रह की दूसरी कविता में ही *अँधेरे में* सरीखी क्लासिक कविता में आनेवाले *पागल के आत्मोद्बोधमय गान* की याद दिलाते हैं—

किसी से कुछ लिया नहीं न किसी को कुछ दिया
ऐसा भी जिया जीवन तो क्या जिया?

यह सवाल है, जो वह ज़िन्दगी भर करते रहे, अपने से और दूसरों से भी और यह भूल जाने की बात नहीं कि जवाब कमोबेश यही पाते रहे :

कुछ भी नहीं किया गया
थोड़ा बहुत लज्जित होने के सिवा

इसलिए मुक्तिबोध की कविता के इस बेचैन आग्रह को भी यहाँ स्मरण कर लें, तो सार्थकता का एक चक्र पूरा होता है—

जितना भी किया गया
उससे ज़्यादा कर सकते थे।
ज़्यादा मर सकते थे।

वीरेन डंगवाल का जन्म भारत को आज़ादी मिलने के दस दिन पहले 5 अगस्त, 1947 को हुआ था। तब से उनकी किशोरावस्था तलक जो दस-पन्द्रह वर्षों का वक़्फ़ा था, उसमें देश स्वाधीनता की एक नई सुनहली आभा में आँखें खोल रहा था। अंग्रेज़ों की विदाई से अवाम में नवनिर्माण की आशा, उत्साह, उमंग और सपने जाग गए थे। निराला ने रचना में उसी दौर की गवाही दी है—

कैसी यह हवा चली। तरु-तरु की खिली कली।...
अपना जीवन आया, गई परायी छाया,
फूटी काया-काया, गूँज उठी गली-गली।

लाज़िम है कि अपनी एक कविता में वीरेन लड़कपन में जब स्कूल जाते थे, उन दिनों के 15 अगस्त के जलसों को बहुत ख़ूबसूरती और शिद्दत से याद करते हैं। इस बयान में उनकी अचूक और मार्मिक बिम्बधर्मिता बहुत प्रभावित करती है—

झंडा खुलता ठीक 7:45 पर फूल झड़ते
जन-गण-मन भर सीना तना रहता कबूतर की मानिंद

बच्चे इतने निश्छल, पवित्र और संजीदा होते हैं कि शायद उनकी ही अवस्था में संवेदनाएँ अपने सबसे सान्द्र, प्रखर और उदात्त रूप में अक्षुण्ण रहती हैं। इसलिए इस उम्र में देश को लेकर जज़्बे का आलम देखिए कि एक बार जब झँझोड़ने पर भी झंडा सही समय पर खुल नहीं पाया, तो

हेडमास्टर जी घबरा गए, गाली देने लगे माली को
लड़कों ने कहा हेडमास्टर को अब सज़ा मिलेगी
देश की बेइज़्ज़ती हुई है

फिर उम्र बढ़ जाने पर कवि को याद आता है कि उस दौर में हम *काग़ज़ के झंडे बनाकर घूमते* इतने उत्साहित और रोमांचित रहते थे कि

चौदह अगस्त भर पन्द्रह अगस्त होती
सोलह अगस्त भर भी

लेकिन इतने बरसों के समारोहों की उदास परिणति इस एहसास में होती है—

इतने बड़े हुए मगर छूने को न मिला अभी तक
कभी असल झंडा
कपड़े का बना, हवा में फड़फड़ करने वाला
असल झंडा
छूने तक को न मिला

15 अगस्त सिर्फ़ आज़ादी का जश्न मनाने के लिए नहीं है, बल्कि जो आज़ादी इस दिन हमारे स्वाधीनता सेनानियों ने अपने त्याग और बलिदान की बदौलत, अविराम संघर्षों से हासिल की थी; उसे देश के साधारण जन की सच्ची और सम्पूर्ण आज़ादी में बदलने की हमारी ज़िम्मेदारी को भी हमें याद दिलाने का दिन है। सबब यह कि आज़ादी का *असल झंडा* अभी तक भारत के दबे-कुचले अवाम को छूने तक को नसीब नहीं हो पाया है।

सच तो यह है कि स्वाधीनता का पहला दशक बीतते-न-बीतते सुखी, सुन्दर और शोषण-मुक्त भारत के सपनों का शीराज़ा बिखरने लगा था। भूलना मुनासिब नहीं कि पिकासो की *गुएर्निका* सरीखी, एक फ़ासीवादी तंत्र की दहशत को साकार करती, उसकी आहटों को पहचानती *मुक्तिबोध* की क्लासिक कविता *अँधेरे में* 1957 से 1962 के पाँच वर्षों के समयान्तराल में रची गई थी। जो विराट् मोहभंग था, वह एक भीषण

ट्रेजेडी के एहसास में बदल गया। इस समयान्तर की बाबत एक इंटरव्यू में वीरेन डंगवाल मुझसे कहते हैं : *1966-67 में एक मोहभंग पैदा हुआ, जो देशव्यापी था। सातवें दशक में जगह-जगह किसान-आन्दोलन चल रहे थे, पूरा समाज उद्वेलित था। फिर लगा कि आज़ादी नाकाफ़ी है, वह दरअसल मिली नहीं है। वह मुहावरा ज़्यादा है, वास्तविकता कम। आज़ादी के नाम पर इस देश की जनता के साथ बहुत बड़ा धोखा, बहुत बड़ा छल हुआ है।*

बीसवीं सदी के अन्तिम दशक की दहलीज़ पर हमने समाजवादी महाआख्यान का टूट-टूटकर बिखरना देखा। उसके अनन्तर भूमंडलीकरण का ज़माना आया, जो बक़ौल वीरेन : *भाषाओं, संस्कृतियों और कविता का शत्रु है।* यह यथास्थिति के पोषक, अधिनायकवादी और केवल बाज़ार और उपभोग के प्रवक्ता एवं सारथी वैश्विक मनुष्यों को गढ़ता है। यह एकरूपता तथा ग़ुलामी को बढ़ावा देता और वैविध्य एवं प्रयोगधर्मिता को हतोत्साह करता है। इसके बरअक्स वीरेन बेहद प्रयोगधर्मा कवि थे, क्योंकि उनका मानना था कि *इसके बग़ैर अपने जटिल यथार्थ से पार पा सकना नामुमकिन है।* उन्होंने प्रसंगवश *बेर्टोल्ट ब्रेष्ट* को याद किया है : *समय प्रवाहित होता रहता है—नई समस्याएँ उभरती हैं और नई तकनीकों की माँग करती हैं। यथार्थ बदलता है—उसकी प्रस्तुति के लिए प्रस्तुतीकरण के साधनों को भी बदलना चाहिए।*

महज़ इत्तिफ़ाक़ नहीं कि वीरेन डंगवाल की काव्य-भाषा में प्रचुर वैविध्य है, उसकी बहुत सारी तहें और एक व्यापक 'रेंज' है—सम्पूर्ण हिन्दी क्षेत्र के तमाम अंचलों की वह नुमाइंदगी करती है। परम्परा, प्रकृति और संस्कृति में उसकी जड़ें गहरे जाती हैं और सबसे बड़ी सिफ़त है कि वह तत्सम के बजाय लगातार तद्भव की ओर जाती हुई ज़बान है, जैसे कि स्वयं वीरेन बराबर साहित्य के दायरे के बाहर वृहत्तर ज़िन्दगी की जानिब जाते हुए कवि हैं। इसीलिए वह *नाज़िम हिकमत* के इस मंतव्य पर इसरार करते हैं कि *कविता की भाषा और जीवन की भाषा को अलग-अलग नहीं होना चाहिए* और उनके पास आत्मा की गीली मिट्टी पर छाप छोड़ सकने

वाली बेहद जीवन्त और ज़बरदस्त काव्य-भाषा है। ध्वनियों के जितने प्रयोग उन्होंने किए, शायद ही किसी समकालीन कवि ने किए हों। उनके अनुभव के आख्यान में एकरसता और एकपक्षीयता नहीं है। वह इस सोच के हामी थे कि कविता में तकलीफ़ और जद्दोजेहद की बात हो, पर उस जीवन-द्रव्य और जीवन-रस की बात भी हो, जिसके बग़ैर संघर्ष मुमकिन ही नहीं है। तभी वह कहते हैं कि *रचना के लोक में निष्कलुष प्रसन्नता की भी उतनी ही अपरिहार्य जगह है, जितनी करुणा की* और गोया कविता में व्यवहार की ज़मीन पर इसे सम्भव करके दिखा देते हैं—

ककड़ी जैसी बाँहें तेरी झुलस झूर जाएँगी
पपड़ जाएँगे होंठ गदबदे प्यासे-प्यासे
फिर भी मन में रखा घड़ा ठंडे-मीठे पानी का
इस भीषण निदाघ में तुझको आप्लावित रक्खेगा
अलबत्ता
लली, घाम में जइये, तौ छतरी लै जइये

वीरेन डंगवाल की कविता बेहद सीमित मध्यवर्गीय या उच्च-मध्यवर्गीय नागरिक अनुभव की अकादमिक क़िस्म की या आभासी कविता नहीं है, जो अक्सर निरी बौद्धिक कसरत के बूते लिखी जाती है; बल्कि उसमें आमदनी की निचली और सबसे निचली सतहों पर गुज़र-बसर करने वाली मनुष्यता के सुख-दुख, स्वप्न और संघर्ष हैं। वीरेन हमारे समय में पूँजी के अभूतपूर्व और अप्रत्याशित प्रभुत्व की वजह से संकट में पड़े हुए, बहुधा तबाह हो गए हिन्दुस्तान के सामान्य जन-जीवन के कवि हैं और उसकी यातना को गहरे और *इंटेंस* लहजे में व्यक्त करते हैं—

धन का घन
रहा बाज घन्न-घन्न
घन-घन-घन
घनन-घनन
फटे जा रहे पर्दे भ्रांतिग्रस्त कानों के
छुटे चले जाते हैं छक्के प्राणों के

डॉ. नामवर सिंह ने एक वक्तव्य में वीरेन डंगवाल को *पदार्थमयता का कवि* कहा था और जब मैंने उनसे यह बात साझा की, तो वह बहुत सहमत और प्रसन्न नहीं दिखे। शायद यह बयान जाने-अनजाने इस सचाई की अनदेखी करता है कि वस्तु-संसार के ऐन्द्रिय अभिज्ञान से एक उदात्त विचारशीलता और संवेदना के संश्लेषण के बग़ैर वह कोई कविता नहीं लिखते। इस लिहाज़ से *लॉरी बेकर* शीर्षक पूरी कविता ग़ौरतलब है, जो प्रकृति के पाँच तत्त्वों की ही प्रधानता में सृष्टि का मंगल और सौन्दर्य मानती है; लेकिन इनसे भी ज़्यादा अहमियत भौतिक ऐश्वर्य के बरअक्स प्रकृति को श्रेयस्कर समझने वाले मानवीय चिन्तन को देती है—

सबसे ज़रूरी चीज़ है
वो ख़याल
जिसे तुम शक्ल देते हो पहले
सिर्फ़ हवा में;
लिहाज़ा
हवा भी सबसे ज़रूरी चीज़ों में एक है।
बाक़ी सारे नगीने तो बकवास हैं
सारे प्रपंच
पाखंड।

हिन्दी में अब वीरेन के अंदाज़-ए-बयाँ को *वीरेनियत* के नाम से जाना जाने लगा है, जिसका मतलब है, वीरेन डंगवाल की विशिष्टता, जो उनका ख़ास मिज़ाज और शैली थी, कविता ही नहीं, ज़िन्दगी में भी। और स्पष्ट करना हो, तो *वीरेनियत* कुछ मूल्यों के समुच्चय का नाम है, मसलन साफ़गोई, ज़िन्दादिली, नैसर्गिकता, प्यार, मार्मिकता, प्रतिबद्धता और कशिश, जिसके साथ वह ख़ुद से जुड़े थे और अपने दोस्तों या दुनिया से भी मुख़ातब। इसके अलावा, उनमें साथी कवियों से बहुत लगाव था और उसी तरह, पूर्वज या अग्रज कवियों के प्रति अतिशय विनम्रता। तभी शमशेर की अनूठी कला का दाय स्वीकार करते हुए उन्होंने लिखा :

रंग बहुत से हैं मेरे पास
कहा साल के उस दरख़्त ने
मगर कूचियाँ तमाम ले गए
शमशेर बहादुर सिंह कत्थई गुलाब वाले।

आज *वीरेनियत* ऐसे बेहतरीन कवि को याद करने और उनसे आत्मीयता महसूस करने वाले समकालीन कवियों और अपने-अपने अवदान के परिष्कार, समृद्धि और उन्नयन की ख़ातिर उनसे प्रेरणा हासिल कर सकने वाले युवा एवं युवतम कवियों के लिए रौशनी की एक लकीर की मानिंद है।

हिन्दी में वीरेन को चाहने वाले साहित्यिकों का संसार उनके रहते ही बड़ा था और *वीरेनियत* इस बात का सबूत है कि उनके जाने के बाद यह संसार सिमटा नहीं, बल्कि और बड़ा ही हुआ है। कम कवियों के साथ ऐसी स्थिति बन पाती है। दूसरे, साहित्य में सर्वानुमति जैसी कोई *ऐब्सलूट* स्थिति नहीं होती। न वह सम्भव है और न ही काम्य, क्योंकि किसी कवि की लोकप्रियता के बावजूद आलोचना की गुंजाइश हमेशा बनी रहनी चाहिए। शायद इसी सम्भावना को लक्ष्य कर रघुवीर सहाय ने कभी *मेरा जीवन* शीर्षक कविता में लिखा था और उनका यह काव्यांश वीरेन के उत्तर-जीवन के सन्दर्भ में भी काफ़ी सार्थक साबित होता है—

सारे संसार में फैल जाएगा एक दिन मेरा संसार
सभी मुझे करेंगे — दो चार को छोड़ — कभी न कभी प्यार
मेरे सृजन, कर्म-कर्तव्य, मेरे आश्वासन, मेरी स्थापनाएँ
और मेरे उपार्जन, दान-व्यय, मेरे उधार
एक दिन मेरे जीवन को छा लेंगे — ये मेरे महत्त्व
डूब जाएगा तंत्रीनाद कवित्त रस में, राग में, रंग में
मेरा यह ममत्व
जिससे मैं जीवित हूँ
मुझ परितृप्त को तब आकर वरेगी मृत्यु — मैं प्रतिकृत हूँ

पर मैं फिर भी जियूँगा
इसी नगरी में रहूँगा
रूखी रोटी खाऊँगा और ठंडा पानी पियूँगा
क्योंकि मेरा एक और जीवन है और उसमें मैं अकेला हूँ

इसी तरह कम-से-कम तीन कविताओं में वीरेन ने भी अपने उत्तर-जीवन का भविष्य-कथन, पूर्वानुमान या कामना व्यक्त की है—*समता के लिए, उठा लंगर खोल इंजन* और *पितृपक्ष*। फ़रवरी, 2005 में *साहित्य अकादेमी पुरस्कार* समारोह में स्वीकृति वक्तव्य देते हुए उन्होंने कहा था कि प्रेम, प्रतिबद्धता और प्रतिरोध को उन्होंने समवेत रूप से अपने कवि-कर्म की धुरी बनाकर रखा। बेशक ये तीनों अपरिहार्य हैं, मगर उपर्युक्त तीन कविताओं के साक्ष्य से हम कह सकते हैं कि इनमें भी प्रेम को वह शायद सबसे बुनियादी प्रेरणा या शक्ति मानते थे। यानी, अगर आपके दिल में प्रेम है, तो विचार और कर्म की दिशा भी सही होगी—

हवाएँ रास्ता बतलाएँगी
पता देगा अडिग ध्रुव चम-चम-चमचमाता
प्रेम अपना
दिशा देगा
नहीं होंगे जबकि हम तब भी हमेशा दिशा देगा

स्वाभाविक या असमय—मृत्यु तो सभी की होती है, मगर कैंसर के चलते वीरेन डंगवाल को जो यातना सहनी पड़ी, वह भयावह थी। उसमें भी यह और दारुण था कि उन्हें पहले से उनकी मौत बता दी गई थी। ऐसे हालात में कोई सामान्य व्यक्ति रहा होता, तो शायद निष्प्रभ और निश्चेष्ट हो जाता, लेकिन उनमें असाधारण जिजीविषा और सिसृक्षा थी; जिसकी बदौलत वह आख़िरी साँस तक निस्तेज नहीं हुए, बल्कि देहावसान के कुछ महीनों पहले तलक उन्होंने अपनी रचनाशीलता को भी क़ायम रखा। तीन कविता-संग्रहों के बाद और मृत्यु का सामना करते हुए लिखी गई उन 38 कविताओं पर—जो *असंकलित और नयी कविताएँ* शीर्षक से *कविता वीरेन* में संगृहीत हैं—हिन्दी में पर्याप्त विमर्श अभी नहीं

हुआ है, जबकि इनमें अनेक रचनाएँ बहुत मार्मिक, दुर्लभ और श्रेष्ठ हैं। वीरेन डंगवाल और मंगलेश डबराल—दोनों कवियों का निधन इसलिए और विडम्बनापूर्ण है कि वे उस समय बेहतरीन सृजन कर रहे थे। इस मानी में कवि-मित्र व्योमेश शुक्ल का बयान मर्मस्पर्शी है कि *मानो ये दोनों कवि क़लम हाथ में लिये हुए मर गए!* शायद अतिशयोक्ति न मानी जाए, अगर मैं उनका यह स्तवन करना चाहूँ कि योद्धाओं की मृत्यु ऐसी ही होती है।

अंग्रेज़ी कवि *जॉन कीट्स* को भी उस ज़माने में असाध्य तपेदिक़ के कारण अपनी असमय मृत्यु पहले से मालूम थी। कहते हैं कि मृत्यु से रूबरू होने के चलते सौन्दर्य और प्रेम पर एकाग्र उनकी कविताओं में अविस्मरणीय आभा और कशिश है। इस रौशनी में वीरेन की कविता *मेट्रो महिमा* देखी जानी चाहिए, जो आधुनिकतम टेक्नॉलजी का अभिनन्दन है और आलोचना भी, मगर उसी समय वह एक नायाब और यादगार प्रेम कविता है। हिन्दी में ऐसा कमाल सिर्फ़ वीरेन डंगवाल कर सकते थे, इस आशय का बयान विष्णु खरे ने भी जारी किया था। वीरेन ने प्रेम के हासिल होने को चरम सार्थकता माना, तो उसके अभाव को सबसे बड़ी हानि, फिर चाहे कितने ही राजत्व और वैभव से सम्पन्न जीवन रहा हो—

और ज़िन्दगी में प्रेम नसीब नहीं हुआ
शाहजहाँ की ख़ानदानी उन शहज़ादियों को
जो अनब्याही ही दफ़्न कर दी गईं
संगेमरमर की क़ब्रों में

आख़िरी वर्षों में वीरेन डंगवाल की एक प्रमुख चिन्ता सामाजिक जीवन में विभाजन और विषमता थी और इससे वह बहुत बेचैन रहते थे, मुझसे कहते : *हर जगह, हर स्तर पर इतना 'डिवाइड' पैदा किया जा रहा है, जैसा पहले कभी नहीं था।* ये हालात उन्हें दुखद और डरावने लगते थे। *रामदास-दो* शीर्षक कविता इसी मनःस्थिति की उपज है। सरकार-अवाम, ग़रीब-अमीर, स्त्री-पुरुष, अवर्ण-सवर्ण और हिन्दू-मुसलमान—इनमें फ़ासीवादी सत्ताकामी राजनीति ने इतनी चौड़ी और गहरी खाई बना दी है

कि इनसानियत गोया एक नामुमकिन-सी शै है! वीरेन ने अपनी बीमारी के दिनों में भी इस भेदभाव और वैमनस्य के ऐतिहासिक-सांस्कृतिक अतीत की पड़ताल कविता के शिल्प में बारहा की : *लहसुन, पलाश बिस्वास, परिकल्पित कथालोकान्तर काव्य-नाटिका...* और *कानपूर* जैसी कविताओं में। लहसुन के बारे में वह बताते हैं कि सर्वप्रथम *लामा थोघपा-पा-था ने ईसा से एक शताब्दी पहले / इसकी जड़ों को खोद निकाला था* और उन्होंने ही इसे तत्कालीन भारत के गणराज्यों को तोहफ़े के तौर पर भिजवाया था। बौद्धों की इस अहम भूमिका के कारण ही विद्वेष से भरकर *ब्राह्मणों ने इसे अपवित्र और सद्गृहस्थों में / निषिद्ध घोषित किया।* अन्य धर्मावलम्बियों के प्रति हिक़ारत को वे अपना हक़ तो मानते ही हैं, ख़ुद अपने धर्म के उपेक्षितों से इंसाफ़ कर सकना उन्हें आज भी गवारा नहीं—

दलितों वंचितों पिछड़ों को न्याय चाहिए
बराबरी का प्रेम
और इन इच्छाओं को सचमुच समझ पाना
आसान नहीं सवर्णों के लिए।

दूसरी ओर, मज़लूमों और अल्पसंख्यकों के लिए भी अपने प्रति किए जा रहे अन्याय और हिंसा को समझ सकना आसान नहीं—

लाल आँखों वाला एक ज़ईफ़ मुसलमान,
जब वो मुझसे पूछता है तो शर्म आती है :
'जनाब, हमारी ग़लती क्या है?
कि हम यहाँ क्यों रहे?
हम वहाँ क्यों नहीं गए?'

ऐसे में अचरज नहीं कि जिस कवि ने अपनी रचना-यात्रा के आरम्भिक चरण में 36 बरस की उम्र में लिखा था—

हज़ार ज़ुल्मों से सताए मेरे लोगो
मैं तुम्हारी बददुआ हूँ,

उसने जीवन की साँझ में भी अपनी इस प्रतिश्रुति को न सिर्फ़ अक्षुण्ण रखा, बल्कि युयुत्सा की धार को और भी समुज्ज्वल और प्रखर बनाया—

वे रानियाँ भी ग़ुलाम थीं
जो सोने की थाली में खाती थीं
ग़ुलाम थीं वे भी लखूदास शिवदास की तरह

इसलिए सुन लो सब यह नया गाना :
राज्जों, बजीरों का, शास्त्रों-पुराणों का नाश हो
जिन्होंने हमें ग़ुलाम बनाया।

इन तैंतीस करोड़ देवताओं का नाश हो
जो अपनी आत्मा जमाए बैठे हैं
हिमालय की बर्फ़ीली चोटियों में
और हमारे मनों में।

अरे सुनो डूमो, धुनारो, लुहारो, दर्ज़ियो, कारीगरो, मजूरो
कितना सताया तुम्हें-हमें
इन पोथियों-पोथियारों, ताक़त वालों ने
इनका नाश हो
चलो मिलकर करते हैं इन पर घटाटोप।

वीरेन डंगवाल की सम्पूर्ण कविताओं के संचयन *कविता वीरेन* के अनुसार उन्होंने अपने रचनात्मक सफ़र में कुल 227 कविताएँ लिखीं। इनमें से उनकी *प्रतिनिधि कविताएँ* के लिए मैंने मूलत: 110 कविताएँ चुनी थीं, जिनके सम्बन्ध में सम्माननीया भाभी जी श्रीमती रीता डंगवाल ने अनुमोदन किया। उनकी इच्छा और निर्देश के मुताबिक़ इनमें *मेरा बच्चा* और *गोली बाबू और दादू* शीर्षक दो कविताएँ और जोड़ी गई हैं। इस तरह वीरेन डंगवाल की *प्रतिनिधि कविताएँ* में कुल कविताओं की संख्या 112 है। कहने की ज़रूरत नहीं कि उनके समग्र काव्य-सृजन का लगभग आधा

भाग यहाँ प्रस्तुत है। इससे भी ज़्यादा सन्तोष और गरिमा की बात यह है कि उनकी सबसे प्रसिद्ध और उत्कृष्ट रचनाएँ इस संचयन में शामिल हैं।

इसके बावजूद कविताओं के चयन में सिर्फ़ उनकी शोहरत का ध्यान नहीं रखा गया, बल्कि कोशिश की गई है कि विरल अन्तर्वस्तु पर एकाग्र अत्यन्त सारवान् कविताएँ छूटने न पाएँ। प्रत्येक श्रेष्ठ रचना मशहूर हो जाए, ज़रूरी नहीं है। इस मुश्किल को वीरेन से बेहतर कौन जानता था, जिन्होंने ये ख़ूबसूरत पंक्तियाँ लिखीं—

कवि का सौभाग्य है पढ़ लिया जाना
जैसे खा लिया जाना
अमरूद का सौभाग्य है

कविता के विशेषज्ञ और प्रेमी मित्र देख सकते हैं कि *माथुर साहब को नमस्कार, कुमार सम्भव की आत्महत्या पर, रॉकलैंड डायरी, कानपूर, परिकल्पित कथालोकान्तर काव्य-नाटिका...क्षेपक-1 एवं क्षेपक-2* और *रामपुर बाग़ की प्रेम कहानी* जैसी अपेक्षया कम चर्चित, मगर बेहद मार्मिक, मूल्यवान् और दुर्लभ कविताएँ यहाँ सम्मिलित हैं। अन्ततः मुझे उम्मीद है कि जिन काव्य-प्रेमियों के पास परिस्थितिवश वीरेन जी के समग्र सृजन में जाने का अवकाश नहीं होगा, फिर भी जो एक ही जिल्द में विविध रंगों में उनके सर्वोत्तम से सम्बोधित रहना और सार-रूप प्रिय कवि को अपने सिरहाने रखना चाहेंगे, उनके लिए यह चयन बेशक़ीमत और अपरिहार्य साबित होगा।

वीरेन डंगवाल सरीखे उत्कृष्ट और अनूठे कवि की *प्रतिनिधि कविताएँ* तैयार करना मेरे निकट निश्चय ही कठिन काम था; मगर इसे करने के लिए भाभी जी श्रीमती रीता डंगवाल और उनके दोनों बेटों, प्रशान्त और प्रफुल्ल ने मुझे योग्य माना और मेरे फ़ैसलों को स्वीकृति प्रदान की, अतएव उनके प्रति एक सजल आभार हमेशा मेरे मन में रहेगा।

—पंकज चतुर्वेदी

क्रम

स्याही ताल

असंकलित और नई कविताएँ

कैसी ज़िन्दगी जिए

एक दिन चलते-चलते
यों ही ढुलक जाएगी गरदन
सबसे ज़्यादा दुख
सिर्फ़ चश्मे को होगा,
खो जाएगा उसका चेहरा
अपनी कमानियों से ब्रह्मांड को जैसे-तैसे थामे
वह भी चिपटा रहेगा मगर

कैसी ज़िन्दगी जिए
अपने ही में गुत्थी रहे
कभी बन्द हुए कभी खुले
कभी तमतमाए और दहाड़ने लगे
कभी म्याऊँ बोले
कभी हँसे, दुत्कारी हुई ख़ुशामदी हँसी
अक्सर रहे ख़ामोश ही
अपने बैठने के लिए जगह तलाशते घबराए हुए

अकेले
एक ठसाठस भरे दृश्यागार में
देखने गए थे
पर सोचते ही रहे कि दिखे भी
कैसी निकम्मी ज़िन्दगी जिए।

हवा तो ख़ैर भरी ही है कुलीन केशों की गन्ध से
इस उत्तम वसन्त में
मगर कहाँ जागता है एक भी शुभ विचार
खरखराते पत्तों में कोंपलों की ओट में
पूछते हैं पिछले दंगों में क़त्ल कर डाले गए लोग
अब तक जारी इस पशुता का अर्थ
कुछ भी नहीं किया गया
थोड़ा-बहुत लज्जित होने के सिवा

प्यार एक खोई हुई ज़रूरी चिट्ठी
जिसे ढूँढ़ते हुए उधेड़ दिया पूरा घर
फ़ुरसत के दुर्लभ दिन में
विस्मृति क्षुद्रता का जघन्यतम हथियार
मूठ तक हृदय में धँसा हुआ
पछतावा! *(1984)*

इतने भले नहीं बन जाना साथी

इतने भले नहीं बन जाना साथी
जितने भले हुआ करते हैं सरकस के हाथी
गदहा बनने में लगा दी अपनी सारी क़ूवत सारी प्रतिभा
किसी से कुछ लिया नहीं न किसी को कुछ दिया
ऐसा भी जिया जीवन तो क्या जिया?

इतने दुर्गम मत बन जाना
सम्भव ही रह जाय न तुम तक कोई राह बनाना
अपने ऊँचे सन्नाटे में सर धुनते रह गए
लेकिन किंचित् भी जीवन का मर्म नहीं जाना

इतने चालू मत हो जाना
सुन-सुन कर हरकतें तुम्हारी पड़े हमें शरमाना
बग़ल दबी हो बोतल मुँह में जनता का अफ़साना
ऐसे घाघ नहीं हो जाना

ऐसे कठमुल्ले मत बनना
बात नहीं हो मन की तो बस तन जाना
दुनिया देख चुके हो यारो
एक नज़र थोड़ा-सा अपने जीवन पर भी मारो
पोथी-पतरा-ज्ञान-कपट से बहुत बड़ा है मानव
कठमुल्लापन छोड़ो, उस पर भी तो तनिक विचारो

काफ़ी बुरा समय है साथी
गरज रहे हैं घन घमंड के नभ की फटती है छाती
अन्धकार की सत्ता चिल-बिल चिल-बिल मानव-जीवन
जिस पर बिजली रह-रह अपना चाबुक चमकाती
संस्कृति के दर्पण में ये जो शक्लें हैं मुस्काती
इनकी असल समझना साथी
अपनी समझ बदलना साथी (*1984*)

समय

कितने दिन हो गए
कुछ पाया नहीं मैंने
कोई अदना-सा सिक्का तक नहीं
पहले मिल जाती थीं कितनी चीज़ें
यों ही कूदते-फाँदते

काफ़ी यात्राएँ करता हूँ   जाता हूँ कई जगहों
कई हज़ार लोगों की बग़ल से गुज़रा होऊँगा

पिछले दस सालों में
मगर नहीं मिला सीट पर छूटा हुआ
कोई मसला अख़बार तक

खोया है बहुत कुछ
मसलन पिछले ही महीने दस रुपए का नोट
कष्ट देता है उसे याद करना
जो खोया
पाया होगा क्या उसी को
किसी चपल चौकन्नेपन ने?

सावधान हो जाएँ वे सब
जिन्होंने नहीं पाया कुछ भी कई दिनों से
उनका समय ख़राब चल रहा है। *(1983)*

रामसिंह

दो रात और तीन दिन का सफ़र तय करके
छुट्टी पर अपने घर जा रहा है रामसिंह
रामसिंह अपना वार्निश की महक मारता ट्रंक खोलो
अपनी गन्दी जर्सी उतार कर कलफ़दार वर्दी पहन लो
रम की बोतलों को हिफ़ाज़त से रख लो रामसिंह, वक़्त ख़राब है,
ख़ुश होओ, तनो, बस में बैठो, घर चलो।

तुम्हारी याददाश्त बढ़िया है रामसिंह
पहाड़ होते थे अच्छे मौक़े के मुताबिक़
कत्थई-सफ़ेद-हरे में बदले हुए
पानी की तरह साफ़
ख़ुशी होती थी

तुम कनटोप पहन कर चाय पीते थे पीतल के चमकदार गिलास में
घड़े में, गड़ी हुई दौलत की तरह रक्खा गुड़ होता था
हवा में मशक़्क़त करते चीड़ के पेड़ पसीजते थे फ़ौजियों की तरह
नींद में सुबकते घरों पर गिरा करती थीं चट्टानें
तुम्हारा बाप
मरा करता था लाम पर अंगरेज़ बहादुर की ख़िदमत करता
माँ सारी रात रोती घूमती थी
भोर में जाती चार मील पानी भरने
घरों के भीतर तक घुस आया करता था बाघ
भूत होते थे
सीले हुए कमरों में
बिल्ली की तरह कलपती हुई माँ होती थी बिल्ली की तरह
पिता लाम पर कटा करते थे
ख़िदमत करते चीड़ के पेड़ पसीजते थे सिपाहियों की तरह;
सड़क होती थी अपरिचित जगहों के कौतुक तुम तक लाती हुई
मोटर में बैठ कर घर से भागा करते थे रामसिंह
बीहड़ प्रदेश की तरफ़।

तुम किसकी चौकसी करते हो रामसिंह?
तुम बन्दूक़ के घोड़े पर रखी किसकी उँगली हो?
किसका उठा हुआ हाथ?
किसके हाथों में पहना हुआ काले चमड़े का नफ़ीस दस्ताना?
ज़िन्दा चीज़ में उतरती हुई किसके चाकू की धार?
कौन हैं वे, कौन
जो हर समय आदमी का एक नया इलाज ढूँढ़ते रहते हैं?
जो बच्चों की नींद में डर की तरह दाख़िल होते हैं?
जो रोज़ रक्तपात करते हैं और मृतकों के लिए शोकगीत गाते हैं?
जो कपड़ों से प्यार करते हैं और आदमी से डरते हैं?
वे माहिर लोग हैं रामसिंह

वे हत्या को भी कला में बदल देते हैं।

पहले वे तुम्हें क़ायदे से बन्दूक़ पकड़ना सिखाते हैं
फिर एक पुतले के सामने खड़ा करते हैं
यह पुतला है रामसिंह, बदमाश पुतला
इसे गोली मार दो, इसे संगीन भोंक दो
उसके बाद वे तुम्हें आदमी के सामने खड़ा करते हैं
ये पुतले हैं रामसिंह, बदमाश पुतले
इन्हें गोली मार दो, इन्हें संगीन भोंक दो, इन्हें...इन्हें...इन्हें...
वे तुम पर ख़ुश होते हैं—तुम्हें बख़्शीश देते हैं
तुम्हारे सीने पर कपड़े के रंगीन फूल बाँधते हैं
तुम्हें तीन जोड़ा वर्दी, चमकदार जूते
और उन्हें चमकाने की पॉलिश देते हैं
खेलने के लिए बन्दूक़ और नंगी तस्वीरें
खाने के लिए भरपेट खाना, सस्ती शराब
वे तुम्हें गौरव देते हैं और इस सबके बदले
तुमसे तुम्हारे निर्दोष हाथ और घास काटती हुई
लड़कियों से बचपन में सीखे गए गीत ले लेते हैं

सचमुच वे बहुत माहिर हैं रामसिंह
और तुम्हारी याददाश्त वाक़ई बहुत बढ़िया है।

बहुत घुमावदार है आगे का रास्ता
इस पर तुम्हें चक्कर आएँगे रामसिंह मगर तुम्हें चलना ही है
क्योंकि ऐन इस पहाड़ की पसली पर
अटका है तुम्हारा गाँव

इसलिए चलो, अब ज़रा अपने बूटों के तस्मे तो कस लो
कन्धे से लटका ट्रांज़िस्टर बुझा दो तो ख़बरें आने से पहले

हाँ, अब चलो गाड़ी में बैठ जाओ, डरो नहीं
गुस्सा नहीं करो, तनो

ठीक है अब ज़रा आँखें बन्द करो रामसिंह
और अपनी पत्थर की छत से
ओस के टपकने की आवाज़ को याद करो
सूर्य का पत्ते की तरह काँपना
हवा में आसमान का फड़फड़ाना
गायों का नदियों की तरह रँभाते हुए भागना
बर्फ़ के ख़िलाफ़ लोगों और पेड़ों का इकट्ठा होना
अच्छी ख़बर की तरह वसन्त का आना
आदमी का हर पल हर पल मौसम और पहाड़ों से लड़ना
कभी न भरने वाले ज़ख़्म की तरह पेट
देवदार पर लगे ख़ुशबूदार शहद के छत्ते
पहला वर्णाक्षर लिख लेने का रोमांच
और अपनी माँ का कलपना याद करो
याद करो कि वह किसका ख़ून होता है
जो उतर आता है तुम्हारी आँखों में
गोली चलाने से पहले हर बार?

कहाँ की होती है वह मिट्टी
जो हर रोज़ साफ़ करने के बावजूद
तुम्हारे भारी बूटों के तलवों में चिपक जाती है?

कौन होते हैं वे लोग जो जब मरते हैं
तो उस वक़्त भी नफ़रत से आँख उठाकर तुम्हें देखते हैं?

आँखें मूँदने से पहले याद करो रामसिंह और चलो। *(1978)*

प्रेम कविता

प्यारी, बड़े मीठे लगते हैं मुझे तेरे बोल!
अटपटे और ऊल-जलूल
बेसर-पैर कहाँ-से-कहाँ तेरे बोल!

कभी पहुँच जाती है अपने बचपन में
जामुन की रपटन-भरी डालों पर
कूदती हुई   फल झाड़ती
ताड़का की तरह गुत्थम-गुत्था अपने भाई से,
कभी सोचती है अपने बच्चे को
भाँति-भाँति की पोशाकों में,
मुदित होती है

हाई स्कूल में होमसाइंस थी
महीने में जो कहीं देख लीं तीन फ़िल्में तो धन्य,
प्यारी
ग़ुस्सा होती है तो जताती है अपना थक जाना
फूले मुँह से उसाँसें छोड़ती है   फू-फू
कभी-कभी बताती है बच्चा पैदा करना कोई हँसी नहीं
आदमी लोग को क्या पता
गर्व और लाड़ और भय से चौड़ी करती आँखें
बिना मुझे छोटा बनाए हल्का-सा शर्मिन्दा कर देती है
प्यारी

दोपहर बाद अचानक में उसे देखा है मैंने
कई बार चूड़ी समेत कलाई को माथे पर
अलसाये
छुप कर लेटे हुए जाने क्या सोचती है

शोक की लौ जैसी एकाग्र
यों कई शताब्दियों से पृथ्वी की सारी थकान से भरी
मेरी प्यारी! *(1977)*

दुख

वह भी शरीर का ही कोई हिस्सा है
जहाँ से भाप की तरह
तैरता आता है दुख
आवाज़ में घुल जाने के लिए
अँधेरे में भी पहचानी जा सकती है
दुखी आदमी की आवाज़

नक़ली दुखी आदमी की आवाज़ में
टीन का पत्तर बजता है
मसलन मारे गए लोगों पर
राजपुरुष का रुँधा हुआ गला *(1976)*

इस बार वसन्त

[सन्दर्भ : आपातकाल]

इस बार तने के भीतर से ही
ख़ून में सनी हुई
उगी हैं कोंपलें
ज़रा-सी हवा चलने पर काँपती हैं

यों बाहर से क़तई साबुत
और दुरुस्त

खड़ा है पेड़
लेकिन भीतर कुछ है
जो दिमाग़ की नसों की तरह फटा है *(1976)*

कवि

मैं ग्रीष्म की तेजस्विता हूँ
और गुठली जैसा
छिपा शरद का ऊष्म ताप
मैं हूँ वसन्त में सुखद अकेलापन
जेब में गहरी पड़ी मूँगफली को छाँट कर
चबाता फ़ुरसत से
मैं चेकदार कपड़े की क़मीज़ हूँ

उमड़ते हुए बादल जब रगड़ खाते हैं
तब मैं उनका मुखर ग़ुस्सा हूँ

इच्छाएँ आती हैं तरह-तरह के बाने धरे
उनके पास मेरी हर ज़रूरत दर्ज है
एक फ़ेहरिस्त में मेरी हर कमज़ोरी
उन्हें यह तक मालूम है
कि कब मैं चुप होकर गरदन लटका लूँगा
मगर फिर भी मैं जाता रहूँगा ही
हर बार भाषा को रस्से की तरह थामे
साथियों के रास्ते पर

एक कवि और कर ही क्या सकता है
सही बने रहने की कोशिश के सिवा *(1981)*

दस हज़ार फ़ीट पर कविता

एक

कृतज्ञता से झुका मेरा माथ
मुँदे नेत्रों कल्पना ने देखे तुम्हारे वे हाथ
कविता के विषय बने जो

कहाँ तक पहुँचा दिया हमें साथी
यहाँ तक लाने के लिए
क्या कुछ तो नहीं वारा तुमने
धन्यवाद
'पावन स्मृति में कल्याण सिंह
सुलतान सिंह गजाधर
इसी स्थान पर सड़क बनाते हुए
4 जुलाई सन् 1964 को
बहादुरी से उनकी मौत हुई'

दो

कितनी विराट है यहाँ रात
घुल गए जिसमें हिम-शिखर
नमक के ढेलों की तरह
सामने के पहाड़ अन्धकार में
दीखती हैं नीचे उतरती एक मोटर गाड़ी की
निरीह बत्तियाँ

विराट है जीवन। *(1987)*

स्टेशन पर फेरीवालों की आवाज़ें

उन्हें सुनते हैं सिर्फ़ यात्री
सोते में भी

उतरने वाले उन्हें नहीं सुनते

हद है
न सुनाई पड़ना भी
साबित करे
पहुँच जाना *(1981)*

भाप इंजन

बहुत दिनों में दीखे भाई
कहाँ गए थे? पेराम्बूर?
शनै: शनै: होती जाती हैं अब जीवन से दूर
आशिक़ जैसी बिकट उसाँसें वह सीटी भरपूर *(1983)*

भाषा, मेरे दोस्त की बेटी

मेरे दोस्त की बेटी है
उसका नाम भाषा है
पैदा हुई मेरे सामने, गेंद जैसी कूदती थी
अब कुछ हट्‌टी-कट्‌टी बड़ी हुई
कक्षा सात में है
माँ का हाथ बटाने लगी है घर के काम-काज में
पढ़ती है वह अख़बार बड़े ध्यान से
पूछ रही थी उस दिन अपने पिता से

'बाबा, मुठभेड़ में क्यों मार देते हैं पुलिस वाले?'

मैं दूर से सुन रहा था,
मगर फिर भी बहुत अचकचाया

ऐसे ही लपकते हुए बड़े हो रहे हैं,
हमारे बेटे-बेटियाँ
उन्होंने जाननी हैं अभी बहुत-सी बातें
निकम्मे माँ-बाप उन्हें कुछ नहीं बताएँगे
अच्छे माँ-बाप उन्हें समझाएँगे हर चीज़ साफ़-साफ़ *(1979)*

समता के लिए

बिटिया कैसे साध लेती है इन आँसुओं को तू
कि वे ठीक तेरे खुले हुए मुँह के भीतर लुढ़क जाते हैं
सड़क पर जाते ऊँट को देखते-देखते भी
टप-टप जारी रहता है जो
अरे वाह, ये तेरा रोना

बेटी, खेतों में पतली लतरों पर फलते हैं तरबूज़
और आसमान पर फलते हैं तारे
हमारे मन में फलती हैं अभिलाषाएँ
ककड़ियाँ ऐसी

एक दिन बड़ी होना
सब जगह घूमना तू
हमारी इच्छाओं को मज़बूत जूतों की तरह पहने
प्रेम करना निर्बाध
नीचे झाँक कर सूर्य को उगते हुए देखना

हम नहीं होंगे
लेकिन ऐसे ही तो
अनुपस्थित लोग
जा पहुँचते हैं भविष्य तक

(1981)

मेरा बच्चा

ललक-भरी तुम्हारी माँ
चिहुँक कर जागती है आधी रात को
बार-बार झूठ-मूठ शिकायत में मेरे हाथ को
अपनी कोख पर रखती है
वहाँ भीतर तुम फुदक रहे हो
किसी नन्हे ख़रगोश की तरह
हरदम
किसी रंगीन ग़ुब्बारे की तरह फूलते-पचकते
फूट रहे हो किसी छिपी हुई ख़ुशी की
कोंप की तरह
ऊँघ रहे हो उस गुनगुनेपन में
कोई नया शरारत-भरा करतब सोचते हुए

तुम बहुत शैतान हो मेरे बच्चे,
मैं तुम्हें बहुत पीटूँगा

अच्छा, यह बताओ
क्या तुम मेरी फैली हुई हथेली की गर्मी
महसूस कर सकते हो?

अभी तो तुम्हारे

और मेरी हथेली के बीच
तुम्हारी माँ का पुलकता हुआ शरीर
और हमारी शंकाएँ हैं *(1978)*

कवि-2

मैं हूँ रेत की अस्फुट फुसफुसाहट
बनती हुई इमारत से आती ईंटों की खरी आवाज़

मैं पपीते का बीज हूँ
अपने से भी कई गुना मोटे पपीतों को
अपने भीतर छिपाए
नाज़ुक ख़याल की तरह

हज़ार ज़ुल्मों से सताए मेरे लोगो
मैं तुम्हारी बददुआ हूँ
सघन अँधेरे में तनिक दूर पर झिलमिलाती
तुम्हारी लालसा

गूदड़ कपड़ों का ढेर हूँ मैं
मुझे छाँटो
तुम्हें भी प्यारा लगने लगूँगा मैं एक दिन
उस लालटेन की तरह
जिसकी रोशनी में
मन लगा कर पढ़ रहा है
तुम्हारा बेटा *(1983)*

प्रधानमंत्री

[सन्दर्भ : बांग्लादेश विजय]

प्रधानमंत्री,
आज रेडियो पर मैंने सीटी की तरह तीखी और सुरीली
आप की आवाज़ सुनी
सर्दियों के बीत चुकने की
विजयी चहचहाहट की तरह
जनता आप की जय-जयकार कर रही थी
पूरा देश आपके क़दमों पर लोटा पड़ रहा था
मैंने सोचा
कितना मज़ा आता अगर मैं आपकी जगह हो सकता
मैं भी आपकी तरह धुली हुई कार में भर्राता हुआ चलता
मैं भी अपने भाषणों से देश-विदेश में
हलचल मचा देता
मेरी जो मर्ज़ी आती करता, कोई मुझे रोकता तो मैं
उसे डाँट देता
तब मैं पाँच पैसे बचाने के लिए अपनी
सायकिल में ख़ुद हवा नहीं भरता
तब जल्दी मचाने पर पानवाला मुझे डाँटता नहीं
तब मैं आप की तरह साफ़ कपड़े पहनता
तब मैं भी होता तन्दुरुस्त और भव्य
तब मुझे परेशानी नहीं होती कि चीनी
का भाव 4 रुपये 30 पैसे हो गया है
तब मैं लोगों की क़िस्मत बदल देता
महान देशभक्त और वीर होता
तब मुल्क से लेकर फ़ाइलों तक की सारी
गोपनीयता की शुरुआत मुझी से होती
हाय-हाय कितना मज़ा होता

प्रधानमंत्री
मैं आप से जलता हूँ

ये आदमी भी एक ही खुर्राट चीज़ है प्रधानमंत्री
पानी की तरह साफ़, शफ़्फ़ाफ़, निर्मल और तरल

पानी
आप उसे बोतल में बन्द कर सकते हैं
और कह सकते हैं पानी की बोतल

आप उसे नदी में छोड़ सकते हैं
और कह सकते हैं नदी

आप उससे अपने पाख़ाने धो सकते हैं
और कह सकते हैं धुला हुआ पाख़ाना

आप उससे शीतल पेय बना सकते हैं
आप उसमें सफ़ेदी मिला कर अपने चेहरे
पर न खुलने वाली क़लई कर सकते हैं

लेकिन जब वह किलबिलाता हुआ उठ खड़ा होता है
और अपनी पारदर्शी मांसपेशियों की चोट से
घबड़ाई-चित्त पड़ी चट्टानों को तोड़ने लगता है
तब??

आदमी
        याने
बहरहाल
आप को उससे कोई

ताल्लुक़ नहीं है प्रधानमंत्री
आप मस्त हैं
प्रसन्न हैं
आप की जय-जयकार है
सचमुच-सचमुच मैं
आप से जलता हूँ (1972)

पी. टी. उषा

काली तरुण हिरनी
अपनी लम्बी चपल टाँगों पर
उड़ती है मेरे ग़रीब देश की बेटी

आँखों की चमक में जीवित है अभी
भूख को पहचानने वाली विनम्रता
इसीलिए चेहरे पर नहीं है
सुनील गावस्कर की छटा

मत बैठना पी.टी. उषा
इनाम में मिली उस मारुति पर मन में भी इतराते हुए
बल्कि हवाई जहाज़ में जाओ
तो पैर भी रख लेना गद्दी पर

खाते हुए मुँह से चपचप की आवाज़ होती है?
कोई ग़म नहीं
वे जो मानते हैं बेआवाज़ जबड़े को सभ्यता
दुनिया के सबसे ख़तरनाक खाऊ लोग हैं (1988)

तोप

कम्पनी बाग़ के मुहाने पर
धर रखी गई है यह 1857 की तोप
इसकी होती है बड़ी सम्हाल, विरासत में मिले
कम्पनी बाग़ की तरह
साल में चमकाई जाती है दो बार

सुबह-शाम कम्पनी बाग़ में आते हैं बहुत से सैलानी
उन्हें बताती है यह तोप
कि मैं बड़ी जबर
उड़ा दिए थे मैंने
अच्छे-अच्छे सूरमाओं के छज्जे
अपने ज़माने में

अब तो बहरहाल
छोटे लड़कों की घुड़सवारी से अगर यह फ़ारिग़ हो
तो उसके ऊपर बैठ कर
चिड़ियाँ ही अक्सर करती हैं गपशप
कभी-कभी शैतानी में वे इसके भीतर भी घुस जाती हैं
ख़ासकर गौरैयें

वे बताती हैं कि दरअसल कितनी भी बड़ी हो तोप
एक दिन तो होना ही है उसका मुँह बन्द

(1987)

घुटनों-घुटनों भात हो मालिक

'घुटनों-घुटनों भात हो मालिक
और कमर-कमर तक दाल'

यही है हमारे पहाड़ों के धुनार-शिल्पकारों की
सुखद कल्पना की हद
'घुंडा घुंडा भात ठकुरो अर कमर-कमर तक दाल'

बरात को विदा करा लाए थे थके हुए संगू बोडा
'रोड से गाँव तक तीन मील की
                    उकाल महाराज और
                    चार मील की उतार'
मगर इसरार जँवाई जी का और
कसोरे में थोड़ी मिलेट्री रम मिल जाने का ज़ोरदार एहसान
अपना दमामा बजाया संगू बोडा ने
ताँबे का बना काफ़ी बड़ा दमामा

आग में तचा कर तनतनी बनाई पहले उसकी खाल
और गाया क्षुब्ध मधुमक्खियों की-सी भनभनाती आवाज़ में
गंगा के धरती पर उतरने का गाना

घाटी में गूँजीं कई पुरानी आवाज़ें
जो दिखाई तक दीं
अलाव की दमकती हुई प्रागैतिहासिक रोशनी में
जैसे सपने जो असल में आवाज़ों से ही
बने होते हैं हालाँकि हम देखते हैं उन्हें:

'एक धार थी जिससे फिर ज़िन्दा हो गए
राख बने सगर के साठ हज़ार बेटे
माँ के प्यार की एक धार
बिजली की तरह कड़क कर चमकी हिमालय से
और खड़े हो गए राख से अँगड़ाई लेते
सगर के साठ हज़ार बेटे

उन्होंने नींद तोड़ी और अपने धनुष उठाए
एक धार थी बर्फ़ को तोड़ कर निकलने वाली
माँ के प्यार की, जीवन की एक धार।'

आग में दमका संगू बोडा का नशे में दिप-दिप चेहरा
उसमें कौंधीं दाल-भात के अलावा भी
दूसरी इच्छाएँ *(1977)*

पर्जन्य

तुम्हारे बलिष्ठ हाथ
अर्राते हुए साँड़ों जैसे बादलों को
पूँछ उमेठते हुए खदेड़ देते हैं आकाश में
और मेढक के हृदय तक में भर जाता है संगीत

तुम औषधियों का रस हो
और हमारी आत्मा का हरापन

तुम हो पृथ्वी की दबी-दबी ख़ुशी
कभी एकाएक फूट कर तरबतर करती
हवाओं और दिशाओं को

पर्जन्य! हम अपने संकल्पों में तुम्हें बुलाते हैं
एकबद्ध होकर हम सृष्टि को रस-सिक्त करें *(1981)*

इन्द्र

इन्द्र के हाथ लम्बे हैं
उसकी उँगलियों में हैं मोटी-मोटी

पन्ने की अँगूठियाँ और मिज़राब
बादलों-सा हल्का उसका परिधान है
वह समुद्रों को उठाकर बजाता है सितार की तरह
मन्द गर्जन से भरा वह दिगन्त-व्यापी स्वर
उफ़, वहाँ पानी है
सातों समुद्रों और निखिल नदियों का पानी है वहाँ
और यहाँ हमारे कंठ स्वरहीन और सूखे हैं *(1981)*

द्यौस

वह एक हवन-कुंड है
जिसमें सतत समिधा दे रहे हैं देवगण

जब अँधेरा तान देता है अपनी विराट चादर
तब भी
पीछे-पीछे धधकता हुआ अविराम जीवन है वह

द्यौः, पितर
तुम्हारे बनाए ही बनी हैं ये अलबेली ऋतुएँ
तुम्हीं से चेहरे की झुर्रियाँ
कोंपल का रक्त
घाव का सूखना हो तुम्हीं
तुम्हीं प्यार
छत्ता-भर शहद की तरह
गर्म और मीठा
हमारे अन्तस में विद्यमान
धरती को उलट-पलट देने वाला विक्षोभ भी तुम्हीं *(1981)*

हाथी-2

मैंने कभी हाथी को खाँसते हुए नहीं सुना
हालाँकि उसके भी होते हैं फेफड़े
जैसा बताते हैं प्राणि-विज्ञानी

हाथी सिर्फ़ तब खाँसता है
जब वह हाथियों के बीच होता है
हमारे जैसे अदना आदमियों के बीच
वह सिर्फ़ हाथी होता है *(1982)*

पपीता

उसकी सुडौलता एक धोखा है
घाव जैसी है उसकी कोमलता
असली होते हुए भी नक़ली लगता है उसका रंग
पेड़ पर रहता है तो भी मुँह लटकाए
बिकता है तो सबसे अलग
ख़रीदा जाता है बग़ैर उल्लास के
दचके भर में पिचकने को तैयार
झोले का एक कठिन बोझ है
बहुत मुश्किल है पपीते का समुचित बखान करना
बग़ैर कुर्ता और पैंट पहने *(1984)*

तरीक़ा

पीताभ हरित
ख़ूब उकसे हैं पत्ते
चमकदार

पेड़ों के पास
यही एक तरीक़ा है
बताने का
कि वे भी दुनिया को प्यार करते हैं

(1985)

समोसे

हलवाई की दुकान में घुसते ही दीखे
कड़ाही में सनसनाते समोसे

बेंच पर सीला हुआ मैल था एक इंच
मेज़ पर मक्खियाँ
चाय के जूठे गिलास

बड़े झन्ने से लचक के साथ
समोसे समेटता कारीगर था
दो बार निथारे उसने झन्न-फन्न
यह दरअसल उसकी कलाकार इतराहट थी
तमतमाए समोसों के सौन्दर्य पर
दाद पाने की इच्छा से पैदा

मूर्खता से फैलाए मैंने तारीफ़ में होंठ
कानों तलक
कौन अभागा होगा इस क्षण
जिसके मन में नहीं आएगी एक बार भी
समोसा खाने की इच्छा

(1980)

समय : दो

सब कुछ होता है समय के भीतर
क्योंकि समय का बाहर नहीं होता
समय के भीतर होती है रात
प्रेम होता है पलकों पर बसा हुआ
कि नींद टूटे तो मैं उड़ूँ अँधेरे में चक्कर लगाकर
भयभीत करने के लिए
समय में *(1981)*

डाकिया

चिट्ठियाँ छाँटते समय
दीखते हैं कई चेहरे फाटक और कुत्ते
इन्हीं में कई अजनबी भी हैं
मगर उन्हें भी सहेज कर बाँध लिया जाता है
गड्डी में *(1976)*

बग़ैर नामपट्ट

एक सूखा हुआ फ़व्वारा
क्लान्त झाड़-झंखाड़
दीवारों पर पपड़ीदार कालिख
माथे पर '1927'
झरबेरी पर बैठा कौआ
धूप में करता था काँय-काँय
सायकिल पम्प जितनी अलस निरन्तरता से
पिछवाड़े किसी बाल्टी की खड़क
एक स्त्री की लम्बी पुकार

एक डंठल के टूटने की आवाज़ सुनाई दी
गिर चला पापड़ हुआ एक चौड़ा पत्ता
अपने सबसे नज़दीकी साथियों को आख़िरी बार छूते हुए
रंग बहुत से हैं मेरे पास
कहा साल के उस दरख़्त ने
मगर कूचियाँ तमाम ले गए
शमशेर बहादुर सिंह कत्थई गुलाब वाले (1983)

हम औरतें

रक्त से भरा तसला हैं
रिसता हुआ घर के कोने-अँतरों में

हम हैं सूजे हुए पपोटे
प्यार किए जाने की अभिलाषा
सब्ज़ी काटते हुए भी
पार्क में अपने बच्चों पर निगाह रखती हुई प्रेतात्माएँ

हम नींद में भी दरवाज़े पर लगा हुआ कान हैं
दरवाज़ा खोलते ही
अपने उड़े-उड़े बालों और फीकी शक्ल पर
पैदा होने वाला बेधक अपमान हैं

हम हैं इच्छा मृग

वंचित स्वप्नों की चरागाह में तो
चौकड़ियाँ मार लेने दो हमें कमबख़्तो! (1986)

अब बात हुई प्राचीन

एक शहर था जिसका नाम सहारनपुर है
उसमें भी कुछ एक बरस मैंने काटे हैं
बात यही सन् सत्तावन-अट्ठावन की होगी
मैं छोटा था, पतंग देख कर ख़ुश होता था

भूख उन दिनों बेहद मुझे सताया करती
शायद मेरे, रहे पेट में कीड़े होंगे
शायद माँ से हठ करना रोटी-चीनी को
मेरी भूख बढ़ाने वाला कारण होगा

भूत-प्रेत मारा करते कानों में सीटी
जहाँ झुटपुटा हुआ, हृदय धकधक करता था
हनूमान जी, दुर्गा मैया, मोहन भैया
ये तीनों ही मेरे असली संरक्षक थे

रामलीला से दीवाली तक के दिन
धनुष की तरह तने
साल के सबसे बढ़िया दिन होते थे
उनसे थोड़ी-सी ही कम अच्छी होतीं
गर्मियों की छुट्टियाँ, बरसातें सबसे बुरी

जामुन था सबसे उम्दा फल या अधपका अमरूद
सबसे अच्छा दिन इतवार, सबसे बुरा सोमवार
वीरों का कैसा हो वसन्त, हल्दी घाटी
दोनों ही कविताएँ मुझको अति भातीं

वैसे मैं था अति भीरु और दुर्बल बालक
केवल कम ऊँची दीवारों पर चढ़ पाता था
चढ़ लिया सरासर करता था जो पेड़ों पर

अंगरेज़ों को गए बरस दस बीत चुके थे
लेकिन क़ायम था तब भी सब रुतबा उनका
रेलवई का आंग्ल भारती एक डराइवर
मेरे लिए देश का दूजा महापुरुष था

पहले तो थे ख़ैर जवाहरलाल नेहरू
अख़बारों में जिन्हें कहा जाता था चाचा
चाचा जैसे तो न कभी हमको वे सूझे
देव पुरुष अवतारी किन्तु लगा करते थे

अक्सर मिलते थे सुनने को उनके क़िस्से
बहुत बड़े हेकड़ हैं तनिक न परवा करते
जनता यदि हल्ला करती घपला करती हो
भरी भीड़ में घुस कर उसे चुपा देते हैं

यह भी कहते लोग कि यद्यपि हैं नेहरू जी
गांधी के शागिर्द स्वदेशी के हिमायती
लेकिन आला ख़ानदान में रख-रखाव में
उनका जलवा अंग्रेज़ों से भी बढ़कर है

तभी सुना, हैं नेहरू के दो नाती जिनका
फोटू डाक-टिकट के ऊपर छपा हुआ है
और कि उनकी माता जी भी राजनीति में
अच्छा-ख़ासा दख़ल बना करके रखती हैं

तब तक मेरी समझ बात को पकड़ न पायी
इसीलिए मैं अपने नाना पर चिढ़ता था
क्यों पहना करते हैं काली गन्दी टोपी
नेहरू की ही तरह क्यों नहीं बनते हैं वे

जब देखो तब पूजा ही करते रहते हैं
इसीलिए तो माँ को भी लत बुरी लगी है
सदा डरी रहती है कितने अन्देशों से
सुबह-शाम घंटी टुन-टुन करती रहती है

नाना वैसे शानदार थे और मामा तो
बिल्कुल लाजवाब, जैसे हो आम सफ़ेदा
तेजस्वी भी मीठा गद्दर रसेदार भी

चाचा तो बस मेरे अपने चाचा जी थे
अलग तरह से कुछ प्यारे लगते थे मुझको
ऊलजलूल हरकतों में तो वे माहिर थे
उनके कई उसूलों का मैं भी क़ायल हूँ

पिता कभी आँधी थे और कभी थे पानी
कभी धूप थे और कभी घनघोर अँधेरा
कभी हवा थे सुखद बसन्ती ख़ुशबू वाली
और कभी थे लम्बी एक कथा पीड़ा की

अब हुई बात प्राचीन मगर फिर भी बतलाता हूँ
आता था याद सात वर्ष के बालक को भी
अपना बचपन जो छूटा किंचित दूर मगर था अति सुदूर
गोया सपने के भीतर हो कोई सपना

वाक़िया ये दर्जा दो का है
स्कूल में टट्टी हो गई थी नेकर में
इतने बरसों के बाद भी बिल्कुल
साफ़-साफ़ घटना अंकित है
बमय सभी रंगों गंधों के वह कातरता

वह थी जीवन की प्रथम सांघातिक शर्मिन्दगी
रहा प्रेम तो बहुत बाद की चीज़ है *(1980)*

झंडा

पन्द्रह अगस्त
सुबह नींद खुलती
तो कलेजा मुँह के भीतर फड़क रहा होता
ख़ुशी के मारे
स्कूल भागता
झंडा खुलता ठीक 7-45 पर फूल झड़ते
जन-गण-मन भर सीना तना रहता कबूतर की मानिन्द
बड़े लड़के परेड करते वर्दी पहने शर्माते हुए
मिठाई मिलती

एक बार झँझोड़ने पर भी सही वक़्त पर
खुल न पाया झंडा, गाँठ फँस गई कहीं
हेडमास्टर जी घबरा गए, गाली देने लगे माली को
लड़कों ने कहा हेडमास्टर को अब सज़ा मिलेगी
देश की बेइज़्ज़ती हुई है

स्वतंत्रता दिवस की परेड देखने जाते सभी
पिता जी चिपके रहते नए रेडियो से

दिल्ली का आँखों-देखा हाल सुनने

इस बीच हम दिन भर
काग़ज़ के झंडे बना कर घूमते
बीच का गोला बना देता भाई परकार से
चौदह अगस्त भर पन्द्रह अगस्त होती
सोलह अगस्त भर भी
झंडा जाने कब फुनगी से निकल कर
लोहे की आलमारी में पहुँच जाता

यार, काग़ज़ से बनाए जाने कितने झंडे
खिंचते भी देखे सिनेमा में भी
इतने बड़े हुए मगर छूने को न मिला अभी तक
कभी असल झंडा
कपड़े का बना, हवा में फड़फड़ करने वाला
असल झंडा
छूने तक को न मिला *(1978)*

हड्डी खोपड़ी ख़तरा निशान

इधर काफ़ी कम दिखाई देता है
हड्डी खोपड़ी ख़तरा निशान
ज़्यादा से ज़्यादा डीज़ल-पेट्रोल ले जानेवाले
टैंकरों के पिछवाड़े
एक शुभ चिह्न की तरह

हमारे बचपन में तो वह ठुँका होता था
बिजली के खम्भों पर भी
जिन्हें हम पत्थरों से बजाया करते

बिना छुए
स्कूल से पैदल घर लौटते समय

वह हमारे जीवन में प्यार का आग़ाज़ था।

अब दरअसल सारे ख़तरे ख़त्म हो चुके
प्यार की तरह
दरअसल चारों तरफ़ चैन ही चैन है
एक-एक बच्चा जा रहा है स्कूल
बस में, स्कूटर पर, साइकिल से

हर पेट भरा हुआ है
और इन आधुनिक पोशाकों का तो कहना ही क्या
वे भी हरेक के पास हैं कई-कई जोड़ा

डोमाजी उस्ताद सुधर चुके
और विधानसभा भी कभी की वातानुकूलित की जा चुकी
मान लिया भद्र लोगो, कोई ख़तरा नहीं बाक़ी बचा
हड्डी-खोपड़ीविहीन वह शुभ दिन
आ ही गया आख़िर हमारे देश में।

हमारा समाज

यह कौन नहीं चाहेगा उसको मिले प्यार
यह कौन नहीं चाहेगा भोजन-वस्त्र मिले
यह कौन न सोचेगा हो छत सर के ऊपर
बीमार पड़ें तो हो इलाज थोड़ा ढब से

बेटे-बेटी को मिले ठिकाना दुनिया में
कुछ इज़्ज़त हो, कुछ मान बढ़े, फल-फूल जायँ

गाड़ी में बैठें, जगह मिले, डर भी न लगे
यदि दफ़्तर में भी जायँ किसी तो न घबराएँ?
अनजानों से घुल-मिल भी मन में न पछतायँ।

कुछ चिन्ताएँ भी हों, हाँ कोई हरज नहीं
पर ऐसी नहीं कि मन उनमें ही गले घुने
हौसला दिलाने और बरजने आसपास
हों संगी-साथी, अपने प्यारे, ख़ूब घने।

पापड़-चटनी, आँचा-पाँचा, हल्ला-गुल्ला
दो-चार जशन भी कभी, कभी कुछ धूम-धाँय
जितना सम्भव हो देख सकें इस धरती को
हो सके जहाँ तक, उतनी दुनिया घूम आयँ

यह कौन नहीं चाहेगा?

पर हमने यह कैसा समाज रच डाला है
इसमें जो दमक रहा, शर्तिया काला है
वह क़त्ल हो रहा, सरेआम चौराहे पर
निर्दोष और सज्जन, जो भोला-भाला है

किसने आख़िर ऐसा समाज रच डाला है
जिसमें बस वही दमकता है, जो काला है?

मोटर सफ़ेद वह काली है
वे गाल गुलाबी काले हैं
चिन्ताकुल चेहरा—बुद्धिमान
पोथे क़ानूनी काले हैं
आटे की थैली काली है

हर साँस विषैली काली है
छत्ता है काली बर्रों का
वह भव्य इमारत काली है

कालेपन की वे सन्तानें
हैं बिछा रहीं जिन काली इच्छाओं की बिसात
वे अपने कालेपन से हमको घेर रहीं
अपना काला जादू हैं हम पर फेर रहीं
बोलो तो, कुछ करना भी है
या काला शरबत पीते-पीते मरना है?

मार्च की एक शाम में आईआईटी कानपुर

मृत्यु का अभेद्य प्रसार।
इस उजाड़ झुटपुटे में कोई नहीं
रास्ता बतानेवाला।
दुमें साधे डगडगाकर भागते-भागते भी
मनहूस आवाज़ में बोलते हैं मोर
गर्वीली गरदनों वाले कितने किशोर
आए यहाँ
गुम हो गए।
मेधा उनकी
पुकारती रही
पुकारती रही विकल।
फिर उस्ताद हत्यारों ने उसे बदला
एक निश्छल लालच में।
अन्त में बन जाएगी वह
बिल गेट्स का एक
निर्जीव किन्तु दक्ष हाथ

आत्ममुग्ध फुर्ती से घुमाता स्टीयरिंग
काटता ख़तरनाक मोड़।

दुनिया एक गाँव तो बने
लेकिन सारे गाँव बाहर रहें उस दुनिया के
यह कम्प्यूटर करामात हो।

कितने अभागे हैं वे पुल
जो सिर्फ़ गलियारे हैं
जिनके नीचे से गुज़रती नहीं
कोई नदी।

दुश्चक्र में स्त्रष्टा

कमाल है तुम्हारी कारीगरी का भगवान,
क्या-क्या बना दिया, बना दिया क्या से क्या!

छिपकली को ही ले लो,
कैसे पुरखों की बेटी
छत पर उलटा सरपट भागती
छलती तुम्हारे ही बनाए अटूट नियम को।

फिर वे पहाड़!
क्या-क्या थपोड़कर नहीं बनाया गया उन्हें?
और बग़ैर बिजली के चालू कर दीं उनसे जो
नदियाँ, वो?
सूँड़ हाथी को भी दी और चींटी को भी
एक ही सी कारआमद अपनी-अपनी जगह
हाँ, हाथी की सूँड़ में दो छेद भी हैं अलग से

शायद शोभा के वास्ते
वरना साँस तो कहीं से भी ली जा सकती थी
जैसे मछलियाँ ही ले लेती हैं गलफड़ों से।

अरे, कुत्ते की उस पतली गुलाबी जीभ का ही क्या कहना!
कैसी रसीली और चिकनी टपकदार, सृष्टि के हर
स्वाद की मर्मज्ञ
और दुम की तो बात ही अलग
गोया एक अदृश्य पंखे की मूठ
तुम्हारे ही मुखड़े पर झलती हुई।

आदमी बनाया, बनाया अँतड़ियों और रसायनों का
क्या ही तंत्रजाल
और उसे दे दिया कैसा अलग-सा दिमाग़
ऊपर बताई हर चीज़ को आत्मसात् करनेवाला
पल-भर में पूरे ब्रह्मांड के आर-पार
और सोया, तो बस सोया
सरदी भर कीचड़ में मेढक सा

हाँ, एक अन्तहीन सूची है भगवान
तुम्हारे कारनामों की, जो बखानी न जाए
जैसा कि कहा ही जाता है।

यह ज़रूर समझ में नहीं आता
कि फिर क्यों बन्द कर दिया तुमने
अपना इतना कामयाब कारख़ाना?
नहीं निकली नदी कोई पिछले चार-पाँच सौ साल से
जहाँ तक मैं जानता हूँ
न बना कोई पहाड़ अथवा समुद्र

एकाध ज्वालामुखी ज़रूर फूटते दिखाई दे जाते हैं
कभी-कभार।
बाढ़ें तो आईं ख़ैर भरपूर, काफ़ी भूकम्प, तूफ़ान
ख़ून से लबालब हत्याकांड अलबत्ता हुए ख़ूब
ख़ूब अकाल, युद्ध एक से एक तकनीकी चमत्कार
रह गई सिर्फ़ एक सी भूख, लगभग एक सी फ़ौजी
वर्दियाँ जैसे
मनुष्य मात्र की एकता प्रमाणित करने के लिए
एक जैसी हुंकार, हाहाकार।
प्रार्थनागृह ज़रूर उठाये गए एक से एक आलीशान
मगर भीतर चिने हुए रक्त के गारे से
वे खोखले आत्माहीन शिखर-गुम्बद-मीनार
उँगली से छूते ही जिन्हें रिस आता है ख़ून!
आख़िर यह किनके हाथों सौंप दिया है ईश्वर
तुमने अपना इतना बड़ा कारोबार?

अपना कारख़ाना बन्द करके
किस घोंसले में जा छिपे हो भगवान?
कौन-सा है आख़िर, वह सातवाँ आसमान?
हे, अरे, अबे, ओ करुणानिधान!!

उजले दिन ज़रूर

[निराला को]

आएँगे, उजले दिन ज़रूर आएँगे

आतंक सरीखी बिछी हुई हर ओर बर्फ़
है हवा कठिन, हड्डी-हड्डी को ठिठुराती
आकाश उगलता अन्धकार फिर एक बार

संशय-विदीर्ण आत्मा राम की अकुलाती

होगा वह समर, अभी होगा कुछ और बार
तब कहीं मेघ ये छिन्न-भिन्न हो पाएँगे।

तहख़ानों से निकले मोटे-मोटे चूहे
जो लाशों की बदबू फैलाते घूम रहे
हैं कुतर रहे पुरखों की सारी तस्वीरें
चीं-चीं, चिक्-चिक् की धूम मचाते घूम रहे

पर डरो नहीं, चूहे आख़िर चूहे ही हैं,
जीवन की महिमा नष्ट नहीं कर पाएँगे।

यह रक्तपात, यह मारकाट जो मची हुई
लोगों के दिल भरमा देने का ज़रिया है
जो अड़ा हुआ है हमें डराता रस्ते में
लपटें लेता घनघोर आग का दरिया है

सूखे चेहरे बच्चों के उनकी तरल हँसी
हम याद रखेंगे, पार उसे कर जाएँगे।

मैं नहीं तसल्ली झूठ-मूठ की देता हूँ
हर सपने के पीछे सच्चाई होती है
हर दौर कभी तो ख़त्म हुआ ही करता है
हर कठिनाई कुछ राह दिखा ही देती है।

आए हैं जब हम चलकर इतने लाख वर्ष
इसके आगे भी तब चलकर ही जाएँगे,
आएँगे, उजले दिन ज़रूर आएँगे।

शमशेर

रात आईना है मेरा
जिसके सख़्त ठंडेपन में भी
छुपी है सुबह
चमकीली साफ़

झील में दाढ़ी भिगोते सप्तर्षि
मुस्कुराते हैं आपस में
मेरी तरफ़ इशारा करके

मैंने प्रेम किया
इसीलिए भोगने पड़े
मुझे इतने प्रतिशोध

अकेलापन शाम का तारा था
इकलौता
जिसे मैंने गटका
नींद की गोली की तरह
मगर मैं सोया नहीं

हवाओ, मैं धुल जाऊँ
धाराओ
सूखने को फैला दो मुझे
चौड़े जलप्रपातों के कन्धों पर
पत्तो मैं जमा रहूँ
तुम्हारी तरह
एक काँपती हुई कोमल ज़िद
कामगारो

तुम कहो, 'ये भी हैं हमीं'
अनश्वरता
मैं तुझ में धँसा रहूँ
तेरे दिल में मुसलसल गड़ती
एक मीठी फाँस!

बाँदा

मैं रात, मैं चाँद, मैं मोटे काँच
का गिलास
मैं लहर ख़ुद पर टूटती हुई
मैं नवाब का तालाब उम्र तीन सौ साल।

मैं नींद, मैं अनिद्रा, कुत्ते के रुदन में
फैलता अपना अकेलापन
मैं चाँदनी में चुपचाप रोती एक
बूढ़ी ठठरी भैंस
मैं इस रेस्टहाउस के ख़ाली
पुरानेपन की बास।
मैं खपड़ैल, मैं खपड़ैल।
मैं जामा मस्जिद की शाही संगेमरमर मीनार
मैं केदार, मैं केदार, मैं कम बूढ़ा केदार।

चूना

जहाँ भी पड़ा वहीं पर खिल गया चूना
रोनी दीवार पर आहा क्या जगर-मगर कीन्हा।

हल्दी के संग लगा चोट पर
दे दिया मलहम का काम

कहीं पड़ा अकड़ पान-सुर्ती में तो
फाड़ डाला सब जीभ-गाल का चाम

बना सगुन ब्याह-सादी में
नाली तक के गुन गाए
भोले डिज़ाइनों में भोली आत्माओं के करतब दिखलाए
चमकाया

अन्धकार रह न गया सूना!

अपना घर

आख़िरकार मुझे एक घर मयस्सर हुआ।

बारिश की झड़ी को बटकर मैंने रस्से बनाए
छाजन बनाया ताड़ के मज़बूत पत्तों का
एहतियात के लिए ऊपर से आकाश की नीली पॉलिथीन की
चादर भी तान दी
फ़र्श के लिए कई दिनों तक
मैं चोरी से काटता रहा चाँदनी के चौकोर टुकड़े
दीवारें पोतने के लिए लाया मैं दोस्तों और देवताओं से रंग
यों मुझे एक घर मयस्सर हुआ अधेड़ उम्र में।

मेरे घर में एक कोना पिता का है
जो काफ़ी उम्रदराज़ हैं मैं अपराधियों की तरह सोचता हूँ
एक में हम दोनों जन
एक में बच्चे और किताबें
एक मेहमान का है जिसे अक्सर मैं ही

लेटने-बैठने-खाने और चोरी से सिगरेट वग़ैरह
पीने के काम लाता हूँ।
इस कोने में मार्क्स और ब्रेष्ट की
तस्वीरें लगी हैं।
एक कोना टेलीफ़ोन के लिए भी है
जिसके बग़ैर आजकल गुज़र नहीं
एक कोना टेलीविज़न के लिए भी है
जिसके बग़ैर आजकल गुज़र नहीं
एक गुप्त कोना भगवान के लिए भी है
जिसके बग़ैर आजकल गुज़र नहीं।
यों हर ज़रूरत को ध्यान में रखकर बना
एक सात कोनों वाला घर मुझे मयस्सर हुआ

यह घर सारा जीवन मेरे साथ चलेगा
बैंक की क़िस्तों की तरह।

माँ की याद

क्या देह बनाती है माँओं को?
क्या समय? या प्रतीक्षा? या वह खुरदरी राख
जिससे हम बीन निकालते हैं अस्थियाँ?
या यह कि हम मनुष्य हैं और एक
सामाजिक-सांस्कृतिक परम्परा है हमारी
जिसमें माँएँ सबसे ऊपर खड़ी की जाती रही हैं
बर्फ़ीली चोटी पर,
और सबसे आगे
फ़ायरिंग स्क्वैड के सामने।

सूअर का बच्चा

बारिश जमकर हुई, धुल गया सूअर का बच्चा
धुल-पुँछकर अँगरेज़ बन गया सूअर का बच्चा।
चित्रलिखी हकबकी गाय, झेलती रही बौछारें
फिर भी कूल्हों पर गोबर की झाँई छपी हुई है
कुत्ता तो घुस गया अधबने उस मकान के भीतर
जिसमें पड़ना फ़र्श, पलस्तर होना सब बाक़ी है।

चीनी मिल के आगे डीज़ल मिले हुए कीचड़ में
रपट गया है लिये-दिये इक्का गर्दन पर घोड़ा
लिथड़ा पड़ा चलाता टाँगें आँखों में भर आँसू
दौड़े लोग मदद को, मिस्त्री-रिक्शे-ताँगेवाले।

राजमार्ग है यह, ट्राफ़िक चलता चौबीसों घंटे
थोड़ी-सी भी बाधा से बेहद बवाल होता है।

लगभग बन्द हुआ पानी पर टपक रहे हैं खोखे
परेशान हैं ख़ास तौर पर चाय-पकौड़े वाले,
या बीड़ी माचिस वाले।
पॉलिथीन से ढाँप कटोरी लौट रही घर रज्जो
अम्मा के आने से पहले चूल्हा तो धौंका ले
रखे छौंक तरकारी।

पहले-पहल दृश्य दीखते हैं इतने अलबेले
आँखों ने पहले-पहले अपनी उजास देखी है
ठंडक पहुँची सीझ हृदय में अद्‌भुत मोद भरा है
इससे इतनी अकड़ भरा है सूअर का बच्चा।

तम्बाकू

चलो तो निकल चलो घर से बाहर
फुसफुसाता है रक्त में छिपा तम्बाकू।

इसे भी उगाया था
चौड़े पत्तों वाले इस बदमाश को
मेहनती हाथों ने
इतनी लगन और चाव के साथ, खेतों में।

हमारे ही हाथों पैदा होते हैं कई बार
हमारे दुश्मन प्यारे-प्यारे।

सजना! सजना!

तनिक ग्रीवा हुई बंकिम
बस ज़रा सी खिंची भृकुटी
कान में बुन्दा जमाती
उँगलियों की चपल हरकत।
हथेली की जुड़ी दोनों गदेली
दो कुहनी—त्रिभुज
भिंची आँखें रंच-भर
भरपूर देखा स्वयं को फिर एक बार
कुछ नेह से, कुछ कौंध से
कुछ थकन से भरकर।

वाह, यह सजना!
भाड़ में जा री, अरी बम्बई! अपने असंख्य सजना समेत
धिक्कार तेरी काव्य-भाषा को!

दुर्बल मन

मन दुर्बल हुआ
और दुश्मन दौड़े
बदमस्त इच्छाओं के घोड़े
महारथी की अनुकम्पा भरी मुस्कान
और सोने के हाथों में चमड़े के कोड़े।

जाना ना, ना जाना उस ठौर
खीसें निपोरने के अलावा कुछ और नहीं
आ पायेगा
यों जाना।

बड़े शहर में

कम पानी में काम चलाना
हमने सीखा
गाड़ी में उलटा टँग जाना
हमने सीखा
झोले में तरबूज़ छिपाना
हमने सीखा
झूठ बात को सच्चे मन से सत्य मानना
अपने जीवन में अपनाना हमने सीखा।

जो सुन्दर था

जो सुन्दर था
गतिमान भी था वही
पकड़ा न गया।

पकड़ा गया मैं
जकड़ा गया।

विद्वेष

यह बूचड़ख़ाने की नाली है।
इसी से होकर आते हैं नदी के जल में
ख़ून
चरबी, रोयें और लोथड़े।

प्रेम की सुन्दरता का निषेध करनेवाले
इसी तट आते हैं
हाथ-पैर धोने।

पहाड़ों का पक्षी

[देवताले की कविताएँ याद करते]

आम का वह पेड़ भारी नहीं।
उसकी कम घनी शाख़ों पर फुदकता
दीख रहा है
कुछ बेडौल सी आवाज़ में बोलता
पहाड़ों का वह पक्षी।
जहाँ से वह आया
उधर ही मेरा घर भी था कभी।
एक नदी थी
दीखने में कृशकाय
मगर ख़ूब भरी पानी से।

ईश कृपा

कितने स्वप्न नहीं देखे मैंने
कितनी इच्छाएँ नहीं कीं
भाँति-भाँति की।
हे ईश्वर, पापों से लिथड़ा हुआ था जीवन
हालाँकि तू गवाह है, पर्याप्त कर नहीं पाया मैं।
ज़्यादातर थे मेरी पकड़ से बाहर।
कच्ची नींद में जब अपनी ही बजती हुई
नाक तक सुनाई देती है
मैंने साकार होते देखीं
कितनी ही दुर्लभ मनोकामनाएँ
हाँ, उनमें कुछ बहुत निर्मल सपने भी थे
जो जाते थे
तेरी दया और मेरे भय से बाहर।

उन्होंने ही बचाकर रखा है मुझे
तेरी कृपा के बावजूद।

घिग्घी

स्वप्न में मैं डरा
घिग्घी बँधी
पुकारता था किसी को
मगर निकलती न थी आवाज़
कौन था आख़िर, वह मेरा स्वजन
जिसे पुकारने को होता था सपने में?

घिग्घी की गाँठ खोलने को

जब प्राण तक बन जाते थे
उँगलियाँ और नाख़ून
कौन खड़ा देखता था तब मुस्काता
क्रूरता के साथ
मगर दिखाई न देता?
ग़ालिब किंवा प्रसाद जी की यह औलाद
कहाँ से बची रह गई
कलेजे के इस बियाबान में?

माथुर साहब को नमस्कार

परसों ही सोचा था मैंने
शायद वे रहे नहीं अब दुनिया में
अचानक अभी दीख गए सड़क पर
मैंने किया चकित नमस्कार
साइकिल के हैंडिल तक झुककर।
परसों भी सोचा था उनकी बाबत
शायद दस-बारह बरस बाद,
देखा तो होगा आख़िरी बार
शायद पन्द्रह-बीस साल पहले
नावल्टी सिनेमा के सामने।
तब तो सिनेमाघर होते ही थे एक ख़ास जगह शहर में।
साइकिलों-रिक्शों के छापामार पहियों से
बचाते जाते थे हमेशा की अपनी सफ़ेद पतलून-बुश्शर्ट
रिटायर हुए थे सम्भवतः उन्हीं दिनों।

ठीक तीस बरस पहले वे पढ़ाते थे दसवीं में हमें
गणित और भौतिक विज्ञान
कैसी भली लगती थी

विनम्र गर्वीले चेहरे पर
वह कड़कदार मुस्कान
जिसे पता चल चुके थे गणित के सारे विकट भेद।
बूझ नहीं पाता था मैं गणित रत्ती-भर
मगर मानता था ऐसा रोब और आदर
कि कभी न बनाए उनकी क्लास में
कॉपी पर चील-बिलाव।
कक्षा से भागने का हुनर नहीं आ पाया था तब तक
बैठा रहता था शान्त
मैदान में होते गुल्ली-डंडा की तरफ़ तक
न फरकाता था गर्दन
ताका करता था उनके पीले-सफ़ेद झरझरे बाल
जो जैसे सीझे नमकीन समुद्री हवाओं में।

अरी बुश्शर्टो,
झूलती बाँहों वाले किस रंगीन नरक में
छोड़कर चली गई हो तुम हमें
जहाँ सफ़ेद भी हमलावर है आज
जहाँ हिंसा है प्यार
जहाँ प्रार्थना भी उबकाई की ह्वाक-ह्वाक।

इतना सोचते समय ही याद आया अचानक
अभी जिनको किया नमस्कार वे तो थे
एक श्रोत्री जी जिनसे मुलाक़ात हुई थी पाँचेक साल पहले
किसी सभा-शादी में
बाद में भी एकाध बार कभी-कभार।
बाल हैं वैसे ही सफ़ेद हाँ कुछ वैसी ही झाँईं देती मुस्कान
सर्दी के दिन हैं हवादार
मफ़लर भी लगाए थे उसी तरह कोट की गर्दन से सीने तक
कॉलर के दोनों ओर तहाए उसी प्रकार

इसी से धोखा हुआ शायद।

असल में लोगों में ही दीख जाते हैं लोग भी
लोगों में ही वे बच रहते हैं
किसी चमकदार सुघड़ मज़बूत विचार की तरह
दीख जाते हैं कौंधकर जब लग रहा होता है 'सब ख़त्म हुआ'
लोगों में ही प्रतिबिम्बित होता है भौतिकशास्त्र का
यह अविनाशी संसार
शुक्रिया श्रोत्री जी   माथुर सर शुक्रिया
याद रखूँगा मैं अपना सीखा गणित का एकमात्र सूत्र :
'शून्य ही है सबसे ताक़तवर संख्या
हालाँकि सबसे नगण्य भी'
याद रखूँगा मैं पूरे संसार को ढोनेवाली
नगण्यता की विनम्र गर्वीली ताक़त
जिसे अभी सही-सही अभिव्यक्त होना है।

रात-गाड़ी

[मंगलेश को एक चिट्ठी]

रात चूँ-चर्र-मर्र जाती है
ऐसी गाड़ी में भला नींद कहीं आती है?

इस क़दर तेज़ वक़्त की रफ़्तार
और ये सुस्त ज़िन्दगी का चलन
अब तो डब्बे भी पाँच एसी के
पाँच में ठुँसा हुआ बाक़ी वतन
आत्मग्रस्त छिछलापन ही जैसे रह आया जीवन में शेष
प्यारे मंगलेश
अपन लोग फँसे रहे चीं-चीं-चीं-टुट-पुट में जीवन की

भीषणतम मुश्किल में दीन और देश।
लोगों के दुःख तनिक कम न हुए बढ़े और बढ़े और और
प्यास लगी होने पर एक ग्लास शीतल जल भी
प्यार सहित पाना आसान नहीं
बेगाने हुए स्वजन
कोमलता अगर कहीं दीख गई आँखों में, चेहरे पर
पीछे लग जाते हैं कई-कई गिद्ध और स्यार
बिस्कुट खिलाकर लूट लेने वाले ठग और बटमार
माया ने धरे कोटि रूप
अपना ही मुल्क हुआ जाता परदेस। प्यारे मंगलेश।
रात विकट   विकट रात   विकट रात।
दिन शीराज़ा।
शाम रुलाई फूटने से ठीक पहले का लम्बा पल।
सुबह भूख की चौंध में खुलती नींद
दाँत सबसे विचित्र हड्डी
तैश में लगातार फ़्लैट की बालकनी से
झाँकता छोटी नस्ल का व्यक्तित्वहीन कुत्ता
टेलीविज़न
अख़बार   भाषा की खुजाती हुई बड़ी आँत
विश्वविद्यालय   बेरोज़गारों के बीमार कारख़ाने
गुंडों के मेले   राजधानियाँ
कलावा बाँधे गद्गद खल विदूषक
सोने के मुकुट पहनते उतरवा रहे हैं   फ़ोटो
प्राथमिक शाला के प्रांगण में
नाच रहा है विभोर   विश्वबैंक का कार्याधिकारी
बावर्दी बेवर्दी हत्यारे
रौंद रहे गाँव-गाँव—नगर-नगर
एक प्रेतलीला सी जैसे चलती रहती है लगातार।
दिल को मुट्ठी में भींचे

घसीटता लेता चला जाता है कोई
बिना देखे पार कर जाता हूँ उन नवेली गाड़ियों का
ख़तरनाक शाँय-शाँय ट्राफ़िक
जा पहुँचता हक्का-बक्का कर देने वाले मगर बंजर सभागार में
जहाँ छत से लगातार बरसती
रेत और गिट्टियाँ।
उधर मेरे अपने लोग
बेघर बेदाना बेपानी बिना काम मेरे लोग
चिंदियों की तरह उड़े चले जा रहे हर ठौर
अपने देश की हवा में।

फ़िलहाल श्रवण सीमा से आगे इसीलिए अश्रव्य है
उनका क्षुब्ध हाहाकार
घनीभूत और सुसंगठित होनी है उनकी वेदना अभी
सुरती ठोंकता हुआ कर रहा हूँ मैं
प्रागैतिहासिक रात के बीतने का यही इन्तज़ार।
फ़िलहाल तो यही हाल है मंगलेश
भीषणतम मुश्किल में दीन और देश।
संशय ख़ुसरो की बातों में
ख़ुसरो की आँखों में डर है
इसी रात में अपना घर है।

कन्हाई के दिन का प्रारम्भ

कान में दातौन खोंसे
पीत पट लुंगी लगाए
मींजते आँखें चले धोने नहाने
उसी तट की ओर कान्हा उसी तट की ओर।
छरहर पुष्ट-श्यामल देह

चिपकी अभी भी कुछ यहाँ थोड़ी वहाँ पर
रमण रेती   झरझराती भोर के आलोक में।
टूटे बदन   मन में मोद थोड़ी कुटिलता
से देखते भर आँख
वृषभान की ऊँची अटारी को
दुहते गाय हमजोली ग्वाले ने मारा लम्बा खखारा।
        पहुँचे तीर अति गम्भीर जगमग श्यामला नदी का चित्त।
        स्वच्छ रेत पर रखा पीत पट
        भइया फिर उतर पड़े जल में
        चबाते दातौन।
        स्वच्छ-शीतल-गुनगुना जल धक्के से लगाए
        उखड़े चले जाते पैर।
        फिर चित लेट गए गुदगुदाती धार में
        बहे जाते बमय दातौन
        किसी शव की तरह प्रसन्न।
यों कन्हाई का एक दिन शुरू हुआ
गोपालक दिनों में।

जलेबी

भारत को बचाकर रखेगी
जलेबी
यों ही नहीं बन गया
वह ख़मीर
उसके पीछे है
हज़ारों बरस की साधना और अभ्यास
जिसे रात-भर में अंजाम दे दिया गया
इतनी क़रारी पूर्णता के साथ।

तपस्वी विलुप्त हो गए
घुस गए धनुर्धारी महानायकों के दौर
गांधी जी तक हलाक कर दिए गए
जलेबी मगर अकड़ी पड़ी है थाल पर

सिंककर खिली
किसी फूल जैसी
वह सुन्दर और गर्मागर्म
पेचीदा सरसता।

फ़रमाइशें

कुत्ते मुझे थोड़ा सा अपना स्नेह दे
गाय ममता   भालू मुझे दे दे यार,
शहद के लिए थोड़ा
अपना मर्दाना प्यार
भैंस दे थोड़ा बैरागीपन   बन्दर फुर्ती
अपनी अक़्ल से मुझे बख़्शे रखना सियार।

नूतन बाइस्कोप

हम सनत समय के उत्तम चट्टे-बट्टे हैं
फिर अवसर पाकर हुए यहाँ पर कट्ठे हैं।

ला-लाकर देंगे गेहूँ की ताज़ा बालें
अनबूझ लिखे से चर्चित भोजपत्र छालें
भाँडे-बर्तन लाएँगे हम बस्तर वन के
महुआ के फूल, नगाड़े, आदिवासी जन के

पर्वत की वाणी व्याकुल नदियों का गर्जन
चक्की की रूँ-रूँ माँओं-बहनों के क्रन्दन।
        हम गा सकते वह भी, क्या कहते हैं 'मल्हार राग'
        हाँ उसमें नहीं रहेगी वह सब तड़प-आग
        जो कविता की दुश्मन है, जीवन की दुश्मन
        जो बिला वजह ही बादल का हिस्सा हैं
        छोड़ो ये बातें ये तो दीगर क़िस्सा हैं;
        इनके मारे मर गया निराला बिना बात
        वरना कवि अच्छा-ख़ासा था, बदनाम हुआ।
हम रोएँगे तो बादल भी शर्मायेगा
वह ग्लीसरीन की तरह किंतु चमकायेगा
नंगे लोगों की देह   भूख का सन्नाटा
गोरे मुखड़े पर काले पंजे का चाँटा
जीवन का अविरल सफ़र, अहा! क्या है, क्या है!!
हम उसे सजाने वाले हट्टे-कट्टे हैं।
        वह चमक रहा जो झिलमिल करुणा का वितान
        उसमें ही है हम लोगों की सहकारी दुकान
        है छोटी, लेकिन माल बहुत मिल जाएगा
        आइए कभी, दिल अपना ख़ुश हो जाएगा,
        गारंटी है।

पत्रकार महोदय

'इतने मरे'
यह थी सबसे आम, ख़ास ख़बर
छापी भी जाती थी
सबसे चाव से
जितना ख़ून सोखता था
उतना ही भारी होता था

अख़बार।

अब सम्पादक
चूँकि था प्रकांड बुद्धिजीवी
लिहाज़ा अपरिहार्य था
ज़ाहिर करे वह भी अपनी राय।
एक हाथ दोशाले से छिपाता
झबरीली गर्दन के बाल
दूसरा
रक्त-भरी सफ़ेद चिलमची में
सधी हुई छप्प-छप।

जीवन
किन्तु बाहर था
मृत्यु की महानता की उस साठ प्वाइंट काली
चीख़ के बाहर था जीवन
वेगवान नदी सा हहराता
काटता तटबंध
तटबंध जो अगर चट्टान था
तब भी रेत ही था
अगर समझ सको तो, महोदय पत्रकार!

कुमार सम्भव की आत्महत्या पर

मैं हस्बे-मामूल ज़रा देर से पहुँचा
रामपुर वैसा ही है जैसा तुम छोड़ गए थे :
आधा हरा आधा भरा
बल्कि राहे मुर्तज़ा पर मुड़ते हुए मैंने पाया
कि यह मैदान तो पहले कभी मुझे दिखाई ही नहीं पड़ा था।

इस क़दर जल्दी होती थी   वापसी से पहले तुम्हें ढूँढ़ निकालने की।

अजीब शख़्स थे तुम
ताउम्र एक भोंडी हँसी हँसते रहे
ज़िन्दा जले
मरे   तो बहाए गए
ऐसे ही उटकर्मों से बना था तुम्हारा संक्षिप्त जीवन।

पैंतीस दिन एक हज़ार किलोमीटर दूर
मैं इस वक़्त भी देख रहा हूँ
ग़ाज़ीपुर के गाँव घाट में यहाँ से मैटाडोर में
ले जाई गई तुम्हारी थकी-माँदी अधजली लाश का
गंगा में विसर्जन
डोलती गई होगी काया कुछ दूर
चौड़े पाट वाली नदी के बीचोबीच नाव से छोड़ी
फिर भसक गई होगी पानी में बग़ैर बुलबुलों के
बनने को कछुओं मछलियों का आहार
फिर उभर आने को
छूने को गीला तट।
पास ही वे खेत रबी की जुताई के लिए
तैयार होते तुम्हारे प्यारे खेत।
भोजपुरी के लतीफ़े, लफंगे गीत।

आख़िर तुम क्यों बनते रहे सदा आहार दूसरों के लिए
गो कि समझते थे तुम ख़ुद को चतुर-चालाक?
वह चालाकी तो कम गोंद वाला एक रंगीन डाक टिकट थी
ज़रा-सी नमी पाते ही   उचटने को तैयार।
वह चालाकी थी अधपके अनुभवों का पोता हुआ मुलम्मा
वह थी अकरुण-स्वार्थी लोगों की दी हुई सीख

उनकी जो बनाते आए तुम्हें सदा आहार
परिजन गुरुजन मित्रगण अफ़सरान
रोज़ झमाझम दावतें चमाचम मकान
दिल में दबाकर रखी हुई घर की याद
बी एच यू के क्रान्तिकारी संस्मरण
धर्मनिरपेक्षता भुना हुआ जनवाद।
यह समायोजन ही था विषाक्त
क्योंकि तुम चालू न थे
तुमने ख़ुद ही डाला था मूर्ख
आदमख़ोर मशीन के पट्टे में हाथ
भोलेपन भरे छलावे के अलावा
और होना ही क्या था तुम्हारे साथ?
आत्मघात में टूटना ही था वह समारोह
जिसकी बुनियाद में ही घुन जैसा छिपा था आत्मघात।
शोक बहुत करता हूँ
क्षुब्ध और खिन्न मगर उससे भी ज़्यादा मैं होता हूँ
नहीं सिर्फ़ तुम्हारा वह अन्तर्विरोध
इसीलिए चिन्तित भी होता हूँ डरता हूँ।

या देवि!

माथे पर एक आँख लम्बवत्
उसके भी ऊपर मुकुट
बहुत सारे हाथ
मगर दीखते हैं दो ही :
एक में टपकता मुंड।
दूसरे में टपटपाता खड्ग।
शेर नीचे खड़ा है।
दाँत दिखाता, मगर सीधा-सादा।

बग़ल में नदी बह रही लहरदार।
पहाड़ क्या हैं, रामलीला का पर्दा हैं।
माता, मैं उस चित्रकार को प्रणाम करता हूँ
जिसने तेरी यह धजा बनायी।

काम-प्रेम

काम हृदय में यह कैसा कोहराम मचाये है
बँसवट में जैसे चिड़ियों की जोशीली खटपट
खिला कहाँ से संध्या बादल में गुलाब पीला
आता हुआ शरद यह कैसे रंग दिखाये है
प्रेम हृदय में यह कैसा कोहराम मचाये है।

गप्प-सबद

आँधी में उड़ियो न सखी, मत आँधी में उड़ियो।
    ओ३म् लिखा स्कूटर दौड़ा राम लिखाकर कार
    लेकिन पप्पी दी गड्डी पर न्योछावर संसार
    उन्हीं का होना है संसार
    बस न तू आँधी में उड़ियो

    धक-धक-धक-धक काँपे हियरा थर-थर-थर-थर पैर
    अलादीन को बेढब सूझी बेमौसम यह सैर
    बिना चप्पू-लंगर यह सैर
    ज़रा आँधी में मत उड़ियो

खाना खा लेटी ही थी झाँसी की रानी थोड़ा
वहीं खाट के पास बँधा था उसका मश्की घोड़ा

बड़ी देर से मक्खी उसको एक कर रही तंग
खिसियाई रानी जब देखे उसने उसके ढंग
चीख़ी, 'नुचवा दूँगी मैं ये तेरे चारों पंख
तुड़ा दूँगी मैं आठों पैर
अरी, फिर आँधी में उड़ियो।'

देस बिराना हुआ मगर इसमें ही रहना है
कहीं ना छोड़ के जाना है इसे वापस भी पाना है
बस न तू आँधी में उड़ियो। मती ना आँधी में उड़ियो।

कुछ नयी क़समें

हल्दीराम भुजिया की क़सम
रिलायंस के तेल की क़सम
प्रमोद महाजन की क़सम
आज दिन काँच के गिलास की तरह बिल्कुल साफ़ है और मेरी आत्मा निष्पाप।
मैंने घर में झाड़ू भी लगायी है ख़ुशी-ख़ुशी।

भाईचुंग भूतिया की क़सम
कालूवितर्णा की क़सम
दूध की थैली की क़सम
जोड़ों के दर्द और आसन्न हृदयरोग से निपटने के लिए
मैं सुबह टहलना शुरू करने वाला हूँ और हर महीने कुछ पैसा बचाना।

शताब्दी और राजधानी की क़सम
अनदेखे केरल और जैसलमेर के ऊँटों की क़सम
लाल इमली की बन्द मील की क़सम
इससे बढ़िया कोई मुल्क है नहीं पूरी दुनिया में।

म गां अं हिं वि वि वर्धा की क़सम
नयी दिल्ली की हसीन सड़कों की क़सम
वर्ग 'अ' राजपत्रित अधिकारियों की क़सम
तदेऊष रूज़ेविच की क़सम
कविता लिखना न आया न कभी आएगा ही मुझे।

फिर भी लेता हूँ फूलमती तिराहे की क़सम
चमेली की बगिया की क़सम
पुल बंगश की क़सम
ठंडी रसमलाई की क़सम
सिविल लैन इलाहाबाद की क़सम
सेमल सी रुई जैसे फुरफुरे कोहरे से भरे
नैनीताल की क़सम
जो चीज़ तू है   कोई और नहीं।

कटरी की रुकुमिनी और उसकी माता की खंडित गद्यकथा

[क्षुधार राज्ये पृथिबी गोद्योमोय]*

मैं थक गया हूँ
फुसफुसाता है भोर का तारा
मैं थक गया हूँ चमकते-चमकते इस फीके पड़ते
आकाश के अकेलेपन में।
गंगा के ख़ुश्क कछार में उड़ती है रेत
गहरे काही रंग वाले चिकने तरबूज़ों की लदनी ढोकर
शहर की तरफ़ चलते चले जाते हैं हुचकते हुए ऊँट
अपनी घंटियाँ बजाते प्रात की सुशीतल हवा में

---

* उप-शीर्षक : बहुत ही कम आयु में दिवंगत हो गए बांग्ला कवि सुकान्त भट्टाचार्य की एक प्रसिद्ध कविता का शीर्षक : 'क्षुधार राज्ये पृथिबी गोद्योमोय', अर्थात् भूख के राज्य में धरती गद्यमय है।

जेठ विलाप के रतजगों का महीना है

घंटियों के लिए गाँव के लोगों का प्रेम
बड़ा विस्मित करने वाला है
और घुँघरुओं के लिए भी।

रंगीन डोर से बँधी घंटियाँ
बैलों-गायों-बकरियों के गले में
और कोई-कोई बच्चा तो कई बार
बतख़ की लम्बी गर्दन को भी
इकलौते निर्भार घुँघरू से सजा देता है

यह दरअसल उनका प्रेम है
उनकी आत्मा का संगीत
जो इन घंटियों में बजता है

यह जानकारी केवल मर्मज्ञों के लिए
साधारण जन तो इसे जानते ही हैं।

* * *

दरअसल मैंने तो पकड़ा ही एक अलग रास्ता
वह छोटा नहीं था न आसान
फ़क़त फ़ितूर जैसा एक पक्का यक़ीन
एक अलग रास्ता पकड़ा मैंने।

जब मैं उतरा गंगा की बीहड़ कटरी में
तो पालेज़ में हमेशा की तरह उगा रहे थे
कश्यप-धीमर-निषाद-मल्लाह
तरबूज़ और खरबूज़े

खीरे-ककड़ी-लौकी-तुरई और टिंडे।

'खटक-धड़-धड़' की लचकदार आवाज़ के साथ
पुल पार करती
रेलगाड़ी की खिड़की से आपने भी देखा होगा कई बार
क्षीण धारा की बग़ल में
सफ़ेद बालू के चकत्तेदार विस्तार में फैला
यह नरम-हरा-कच्चा संसार।

शामों को
मड़ैया की छत की फूस से उठता धुआँ
और और भी छोटे-छोटे दीखते नंगधड़ंग श्यामल
बच्चे—
कितनी हूक उठाता
और सम्मोहक लगता है
दूर देश जाते यात्री को यह दृश्य।

ऐसी ही एक मड़ैया में रहती है
चौदह पार की रुकुमिनी
अपनी विधवा माँ के साथ।

बड़ा भाई जेल में है
एक पीपा कच्ची खेंचने के जुर्म में
छोटे की सड़ी हुई लाश दो बरस पहले
कटरी की उस घनी, ब्लेड-सी धारदार
पतेल घास के बीच मिली थी
जिसमें गुज़रते हुए ढोरों की भी टाँगें चिर जाती हैं।

लड़के का अपहरण कर लिया था

गंगा पार के कलुआ गिरोह ने
दस हज़ार की फ़िरौती के लिए
जिसे अदा नहीं किया जा सका।

मिन्नत-चिरौरी सब बेकार गई।

अब माँ भी बालू में लाहन दाब कर
कच्ची खींचने की उस्ताद हो चुकी है
कटरी के और भी तमाम मड़ैयावासियों की तरह।

* * *

कटरी के छोर पर बसे
बभिया नामक जिस गाँव की परिधि में आती है
रुकुमिनी की मड़ैया
सोमवती, पत्नी रामखिलौना
उसकी सद्य:निर्वाचित ग्रामप्रधान है।
'प्रधानपति'—यह नया शब्द है
हमारे परिपक्व हो चले प्रजातांत्रिक शब्दकोश का।

रामखिलौना ने
बन्दूक़ और बिरादरी के बूते पर
बभिया में पता नहीं कब से दनदना रही
ठाकुरों की सिट्टी-पिट्टी को गुम किया है।
कच्ची के कुटीर उद्योग को संगठित करके
उसने बिरादरी के फटेहाल उद्यमियों को
जो लाभ पहुँचाए हैं
उनकी भी घर-घर प्रशंसा होती है।
इस सब से उसका मान काफ़ी बढ़ा है।
रुकुमिनी की माँ को वह चाची कहता है

हरे खीरे जैसी बढ़ती बेटी को भरपूर ताककर भी
जिस हया से वह अपनी निगाह फेर लेता है
उससे उसकी सच्चरित्रता पर
माँ का कृतज्ञ विश्वास और भी दृढ़ हो जाता है।

रुकुमिनी ठहरी सिर्फ़ चौदह पार की
'भाई' कहकर रामखिलौना से लिपट जाने का
जी होता है उसका
पर फिर पता नहीं क्या सोचकर ठिठक जाती है।

* * *

मैंने रुकुमिनी की आवाज़ सुनी है
जो अपनी माँ को पुकारती बच्चों जैसी कभी
कभी उस युवा तोते जैसी
जो पिंजरे के भीतर भी
जोश के साथ सुबह का स्वागत करता है।

कभी सिर्फ़ एक अस्फुट क्षीण कराह।

मैंने देखा है कई बार उसके द्वार
अधेड़ थानाध्यक्ष को
इलाक़े के उस स्वनामधन्य युवा
स्मैक तस्कर वकील के साथ
जिसकी जीप पर इच्छानुसार 'विधायक प्रतिनिधि'
अथवा 'प्रेस' की तख़्ती लगी रही है।

यही रसूख़ होगा या बूढ़ी माँ की गालियों और कोसनों का धाराप्रवाह
जिसकी वजह से
कटरी का लफंगा स्मैक नशेड़ी समुदाय

इस मड़ैया को दूर से ही ताका करता है
भय और हसरत से।

एवम् प्रकार
रुकुमिनी समझ चुकी है बिना जाने
अपने समाज के कई जटिल और बीभत्स रहस्य
अपने निकट भविष्य में ही चीथड़ा होने वाले
जीवन और शरीर के माध्यम से
गो कि उसे शब्द 'समाज' का मानी भी पता नहीं।

सोचो तो,
सड़ते हुए जल में मलाई-सा उतराने को उद्यत
काई की हरी-सुनहरी परत सरीखा ये भविष्य भी
क्या तमाशा है

और स्त्री का शरीर!
तुम जानते नहीं, पर जब-जब तुम उसे छूते हो
चाहे किसी भाव से
तब उस में से ले जाते हो तुम
उसकी आत्मा का कोई अंश
जिसके ख़ालीपन में पटकती है वह अपना शीश।
यह इस सड़ते हुए जल की बात है
जिसकी बग़ल से गुज़रता है मेरा अलग रास्ता।

* * *

रुकुमिनी का हाल जो हो
इस उमर में भी उसकी माँ की सपने देखने की आदत
नहीं गई।
कभी उसे दीखता है

लाठी से गंगा के छिछले पेटे को ठेलता
नाव पर शाम को घर लौटता
चौदह बरस पहले मरा अपना आदमी नरेसा
जिसकी बाँहें जैसे लोहे की थीं,
कभी पतेल लाँघ कर भागता चला आता बेटा दीखता है
भूख-भूख चिल्लाता
उसकी जगह-जगह कटी किशोर
खाल से रक्त बह रहा है।

कभी दीखती है दरवाज़े पर लगी एक बरात
और आलता लगी रुकुमिनी की एड़ियाँ।

सपने देखने की बूढ़ी की आदत नहीं गई।

उसकी तमन्ना ही रह गई:
एक गाय पाले, उसकी सेवा करे, उसका दूध पिए
और बेटी को पिलाए
सेवा उसे बेटी की करनी पड़ती है।

काष्ठ के अधिष्ठान खोजती वह माता
हर समय कटरी के धारदार घास भरे
ख़ुश्क रेतीले जंगल में
उसका दिल कैसे उपले की तरह सुलगता रहता है

इसे वही जानती है
या फिर वे अदेखे सुदूर भले लोग
जिन्हें वह जानती नहीं
मगर जिनकी आँखों में अब भी उमड़ते हैं नम बादल
हृदयस्थ सूर्य के ताप से प्रेरित।

उन्हें तो रात भी विनम्र होकर रोशनी दिखाती है,
पिटा हुआ वाक्य लगे फिर भी, फिर भी
मनुष्यता उन्हीं की प्रतीक्षा का ख़ामोश गीत गाती है
मुँह अँधेरे जाँता पीसते हुए।

इसीलिए एक अलग रास्ता पकड़ा मैंने
फ़ितूर सरीखा एक पक्का यक़ीन
इसीलिए भोर का थका हुआ तारा
दिगंतव्यापी प्रकाश में डूब जाने को बेताब।

नागपुर के रास्ते

1

गाड़ी खड़ी थी
चल रहा था प्लेटफ़ारम
गनगनाता वसन्त कहीं पास ही में था शायद
उसकी दुहाई देती एक श्यामला हरी धोती में
कटि से झूम कर टिकाए बिक्री से बच रहे सन्तरों का टोकरा
पैसे गिनती   सखियों से उल्लसित बतकही भी करती
वह शकुंतला
चलती चली जाती थी   खड़े-खड़े
चलते हुए प्लेटफ़ारम पर
ताकती पल भर
खिड़की पर बैठे मुझको

2

सुबह कोई गाड़ी होती तो बहुत अच्छा
रात कोई गाड़ी होती तो बहुत अच्छा

चाँद कोई गाड़ी हो तो सबसे अच्छा

सुबह कोई गाड़ी हो तो मैं शाम तक पहुँच जाता
रात कोई गाड़ी हो तो मैं सुबह तक पहुँच जाता
चाँद कोई गाड़ी होती तो मैं उसकी खिड़की पर ठंडे-ठंडे बैठा
देखता अपनी प्यारी पृथ्वी को
कहीं न कहीं तो पहुँच ही जाता।

लकड़ी का बना वही रावण

आग लगी लंका में लगी आग
लकड़ी के पैरों को
खटपट खट दौड़ाता भाग
जा भाग!
कूद जा समन्दर में।
सौ मंज़िल दस आनन बहुभाषा बहुल ज्ञान
तीस लैंस बीस नैन बिजली के
लुगदी की रँगी-चुंगी मूँछों को तानतून
कन्धे पर बैठाए
लकड़ी की चिड़िया और लेज़र की बन्दूक़
आँखें पर निशि दिन बेचैन
झर्र-फर्र झिप-झिप बस देखा कीं
दुनिया के मेले में दुनिया को ताका कीं
जहाँ कहीं जो कुछ भी मतलब का मिले
सब गप्प हप्प
अन्तरिक्ष सागर वन प्रान्तर या मरुथल सब
हाँ-हाँ-हाँ मेरे हैं
मेरे हैं—मेरे हैं गप्प हप्प।

किन्तु हाय
यह कँगला वानर समुदाय
ताक-झाँक खिड़की-कँगूरों से
घुस आया लिये सिर्फ़
जलती लुआठियाँ
हाय-हाय-हाय-हाय-हाय।

पेप्पोर, रद्दी पेप्पोर!

पहर अभी बीता ही है पर चौंधा मार रही है धूप
खड़े-खड़े ही कुम्हला रहे हैं सजीले अशोक के पेड़
उरुज पर आ पहुँचा है बैसाख

सुन पड़ती है सड़क से
किसी बच्चा कबाड़ी की संगीतमय पुकार
गोया एक फ़रियाद है अज़ान-सी
एक फ़रियाद है फ़रियाद
कुछ थोड़ा और भरती मुझे
अवसाद और अकेलेपन से।

फ्यूँली* : एक

वसन्त आ गया है
खिले हैं ये चटक पीले फूल
गीतों के बाहर भी :

* फ्यूँली : वसन्त का एलान करता झाड़ी में लगने वाला एक नन्हा पीला पहाड़ी फूल, जिस पर निरे विरह गीत रचे गए हैं।

'मैं तुम्हें प्यार करता हूँ'—
ज़ोर से बोल देना चाहता हूँ मैं भी
नीचे घाटी की ओर मुँह करके
'तुम्हें प्यार करता हूँ
ओ मेरी सुआ
ओ मेरी पींजरा
ओ मेरे प्राणों की चोर जेब!...'
बोल देना चाहता हूँ मैं पर बोलता नहीं

साठ की वय एक लम्बा पेच है
जिसका नोकीला सिरा घूम कर तिरछा धँसा हुआ
ईश्वर के माथे पर।

फ्यूँली : दो

फागुन में जब वे ख़तरनाक उतारों से
घास काट कर लाएँगी
तो गट्ठर में बँध आएँगे
वे फूल भी।

भीटों में घास के बीच में ही छिपे होते हैं
उनके झाड़।

वसन्त के वे विनम्र काँटे भी
पसन्द आते हैं मवेशियों को
फूलों की तो बात ही क्या कहना

बल्कि
जब चारे के बीच दिखती है नाँद में

वह मसली हुई पीताभा
तब
ख़ुशी से गोरुओं का नथुने फुँकारना
और कान फटफटाना तो देखो!

रॉकलैंड डायरी

[23 मार्च—02 अप्रैल, 2007]

बूढ़ी अरावली पर्वतमाला
धूसर-सफ़ेद वृषभों का एक सहमा हुआ झुंड
छितराए कँटीले वन में भीतर जिसके
कहीं छिपे हैं
वृष स्वरूप ही महाकाल

देखते ही बनती हैं
उनकी नाना छटाएँ
ख़ासकर कुतुब इंस्टिट्यूशनल एरिया में
और उसके भी परे
जवाहरलाल नेहरू विश्वविद्यालय के
मनमोहक परिसर में
जो कि देश का एक बड़ा भारी
हसीन सब्ज़बाग़ है

लता-गुल्म-मोर-शोर
क्रान्ति सजग-प्रेमी जन-हत्यारे
स्वप्नबिद्ध स्वप्नाहत स्वप्नसिद्ध वृंदावन

ऊपर से एक पर एक
गुज़रते जाते हैं वायुयान

गर्जना करते
ह्वेल मछली सरीखे चिकने सफ़ेद
उनके पेट
इतने क़रीब
और झपकती हुईं उनकी बत्तियाँ

और बिल्कुल साफ़-साफ़ दिखाई देतीं
उनके रुपहले इस्पाती डैनों पर
चित्रलिपि में जैसी लिखीं इबारतें

सुदूर देशों में बसे मनुष्यों की याद दिलातीं
देतीं धूप को एक
बिल्कुल नया रंग

कम से कम अस्पताल के पहले दिन तो
इस बढ़ी उम्र में भी
लौट आता है कुछ देर को
बचपन का वह कौतुक भरा उल्लास
इंदिरा गांधी अन्तरराष्ट्रीय वायुपत्तन
और पालम हवाई अड्डे के सौजन्य से
जो यहाँ से काफ़ी क़रीब

हमसे छीने हैं हमारे कितने ही मित्र-सखा
दिल्ली के इन हवाई अड्डों
विश्वविद्यालयों संस्थानों और
अस्पतालों ने
मगर फिर कभी
वह कथा फिर कभी

* * *

कुछ बुद्धिमान
देशप्रेमी प्रवासी भारतीयों के
अथक उद्यम दूरदृष्टि करुणा और क़ानूनी सिद्धहस्तता
का
साकार रूप है
रॉकलैंड
वसन्त के इन आशंकाग्रस्त
छटपटाते दिनों में
हमारा अस्थायी मक़ाम

अस्पताल फिर यह याद दिलाता है
कि भाषा कहाँ-कहाँ तक जाती है आदमी के भीतर
'कैंसर' एक डरावना शब्द है
'ठीक हो जाएगा' एक तसल्लीबख़्श वाक्य
डॉक्टर कभी कसाई नज़र आता है
कभी फ़रिश्ता और कभी विज्ञापन सिनेमा में टूथपेस्ट बेचने
वाला
दंदानसाज़

ख़ुद की बदहाली
कभी रोमांचक लगती है कभी डरावनी
एक खटका गड़ता है काँख में काँटे की तरह
तुम एक बच्चे की तरह साथ में आए मित्र की बाँह पकड़ना
चाहते हो

* * *

इन भव्य आधुनिक अस्पतालों
के सदावसन्त जगमग कोनों-गलियारों में
प्लास्टिक वनस्पतियाँ

वातानुकूलित हवा में लह-लह
और गेस्टापो-से
चुस्त-कुशल कार्यकर्ता
इधर से उधर लपकते व्यस्त भाव।

हरदम पोंछे जाते फ़र्श के कारण
सजीली स्वच्छता की
एक अजीब-सी दुर्गंध बसी रहती है माहौल में
और भय की
उन दिशा-निर्देशक तख़्तियों और आश्वस्तिपरक
पोस्टरों के कारण।
और वे डॉक्टर!
इतने वाक्निपुण प्रचंड डिग्रीधारी
विनम्र
इतने मन्द-मन्द मुस्काते
गोया वे शोकेस के भीतर बैठे हों।

उन्हीं के असर में,
काफ़ी हद तक उसी प्रकार के हो जाते हैं
वे बावर्दी वार्डब्वॉय और सफ़ाई कर्मचारी भी,
हालाँकि वे छिपा नहीं पाते मरीज़ को टटोलती
अपनी लालची निगाहें
डॉक्टरों की-सी सफलता से
न अपनी ग़रीबी।

संगत का ही गुन होगा कि
ग़रीबों से उनकी चिढ़ भी वैसी ही है
जैसी डॉक्टरों की

शुक्र है रॉकलैंड पर हल्की-सी ही पड़ती है

ग़रीबी की परछाईं।

* * *

'सिस्टर मुझे रुलाई आ रही है और पेशाब लग रही है।'
'सिस्टर मिज़ोरम में अपना घर छोड़कर तुम क्यों आ गईं
दिल्ली के इस जंगल में इतने कम पैसों के लिए?'
'केरल का रंग हरा है सिस्टर, कि नीला? कि सलोना-उजला तुम्हारी तरह?'
'सिस्टर रात एक भालू है जिससे घायल मैं, कुश्ती करता हूँ।'
'सिस्टर फिर से कब बोल सकूँगा मैं?'

आई सी यू की रात बड़ी मदमाती होती है
एक काल्पनिक घूँसा मार कर तोड़ना पड़ता है
एक मज़बूत जालीदार काल्पनिक खिड़की को
ताज़ा हवा के लिए।
एक धुंध होती है जो कहती है आओ हे—
आओ मेरे रश्मिरथी
और प्रेतात्माओं से बाँहें डुलाते तैरते चले आते हैं
सघन चिकित्सा के हेत
नौजवान ड्यूटी डॉक्टर नर्सें और वार्ड ब्वॉय
खिल-खिल-खिल
सबकी बोतलों—नाड़ियों में खोंस-खाँस इंजेक्शन
फ़ारिग़ हो :
'505 नं. आज ख़ाली है
वहीं खाएँगे खाना
मैं उतारता हूँ ये रबड़ के दस्ताने
तुम भी तो उतार देना कुछ'

असहाय-असहाय
पीड़ा-भय-शंका की इस

निर्लज्ज रासायनिक धुंध में
सब लेटे पंक्तिबद्ध-पीड़ाहत
लोहे के जँगलेदार पलंगों पर
मूक पशुओं की तरह कराहते असहाय

हर एक के तकिये के नीचे और गुर्दे को और
छोटी सफ़ेद आलमारी को टोह रहा है जाने कौन
रात्रि के इस निस्तब्ध प्रहर में।

वही गंधाता भालू झुका हुआ मुझ पर
मेरे पट्टी-बँधे चेहरे को अपनी गुदगुद गदेली
और नखदार पंजों से टटोलता।

आँखें मूँदते ही भाँय-भाँय शाँय-शाँय
धूल-भरा अंधड़ एक
अपने ही दिमाग़ के
भूरे-लाल-रेतीले-चिपचिप बियाबान में
तलुए चिपक-चिपक जाते हैं।
आँखों से ख़ून ख़ून कान से मुख से ख़ून
नाक और फेफड़े भरे हुए
उबकाई और किसी अनजानी गैस की गन्ध से।

विभ्रम
विभ्रम
दुःस्वप्न
कई धारावाहिक कूट कथाओं की रीलें
अगल-बग़ल एक साथ चलतीं,
जनता, हाँ जनता को रौंद देने के लिए उतरीं
फ़ौजी गाड़ियों की तरह।

हृदय में घृणा और जोश भरे
साधु-सन्त-मठाधीश-पत्रकार दौलत के लिज-गिल-गिल
पिछलग्गू
ललकारते जाति को एक नए विप्लव के लिए।

स्कूली बच्चों से भरी एक बस दुर्घटनाग्रस्त चिड़ियाघर के क़रीब।

उसके होंठ बढ़े हुए मेरी तरफ़ आमंत्रण में।
प्रेम और वासना से सनसनाते वे कुचाग्र
जिनसे फिर मरे हुए कबूतर की गर्दन की तरह
ढुलक जाना था जीवन।

कौंधती है रह-रहकर बिजली
झपक में उजागर करती मस्तिष्क का एक रक्तसना
भूदृश्य जिस पर पहले कभी रोशनी नहीं पड़ी थी।

चमकीली पटरियों के परस्पर
काटते जाल पर
एक अकेला इंजन निरुद्देश्य दौड़ता चला जाता
लगातार और लम्बी कराह के साथ सीटियाँ मारता।
लम्बे वृंतों वाले फूलों के डिज़ाइनर गुच्छे
एक साथ नतशिर नतग्रीव मानो शोकग्रस्त।
एक पका तरबूज़
फट कर अपने बीज और लाल मसूढ़े दिखाता है
किसी पलीत क्रान्तिकारी के
गन्दे ख़ुशामदी दाँतों की मानिंद।
मुझे मालूम है
इतना ही मरम भाँपता है वह
कि जब चाहे इस्तेमाल कर लेगा धर्मनिरपेक्षता को

ब्रह्मास्त्र की तरह।

बाहर करील के जंगल में डरावनी आवाज़ में बोल रही है कोयल।
मुझे जागने दो जागने दो
निकलने दो बाहर इस तन्द्रा से
जो भय-शंका-पीड़ा-आशा की नशीली धुंध है
उस स्फूर्त सचेत उजाले में जाने दो मुझे
जो उम्मीद है
भले ही वह फ़िलहाल तकलीफ़ जैसी हो।

कोई भरपूर नदी बहती थी।
अब मिट्टी के ढूहों पर अंकित हैं
उसकी क्षिप्र धाराओं के भित्तिचित्र
या तलहटी पर निष्प्राण शंख और घोंघे।

भोली सुघड़ता से
लीप दिया है किसी ने गोबर-गेरू
आले सरीखे उस खोखल पर

कोई और धूर्त
वहाँ एक गेरुआ ध्वज भी चढ़ा गया है
जो फर-फर-फर
हमें चुनौती-सी देता है।

मेरे चेहरे पर
गोया मुहल्ले के नाई की गँदली फ़व्वारा बोतल से
एक सुहानी फुहार।
मेरे गालों और पेड़ू में एक चीरती हुई पीड़ा।
मेरी बन्द आँखों में

छूटते स्फुलिंग।

मेरे दिल में वही ज़िद कसी हुई
किसी नवजात की गुलाबी मुट्ठी की तरह
मेरी रातों में मेरे प्राणों में
वही-वही पुकार :
'हज़ार ज़ुल्मों से सताए मेरे लोगो
तुम्हारी बददुआ हूँ मैं
तनिक दूर पर झिलमिलाती
तुम्हारी लालसा...'

झींसी-झीनी चादर बुनता
जाता-जाता भादों
चलो ओढ़ कर ये चादर
हम छत पर गाने गाएँ
सतहत्तर तक
दौड़ लगाएँ।

मानवीकरण

[चार बरस के गौतम मौर्य और प्रखर डंगवाल के लिए]

चीं चीं चूँ चूँ चीख़ चिरौटे ने की माँ की आफ़त
'तीन दिनों से खिला रही है तू फूलों की लुगदी
उससे पहले लाई जो भँवरा कितना कड़वा था
आज मुझे लाकर देना तू पाँच चींटियाँ लाल
वरना मैं ख़ुद निकल पड़ूँगा तब तू बैठी रोना
जैसे तब रोई थी जब भैया को उठा ले गई थी चील
याद है बाद में उसकी ख़ुशी भरी टिटकारी?'

माँ बोली, 'ज़िद मत कर बेटा, यहाँ धरी हैं चींटी लाल?
जाना पड़ता उन्हें ढूँढ़ने खलिहानों के पास
या बूरे की आढ़त पर
इस गर्मी के मौसम में।
मेरा बायाँ पंख दुख रहा काफ़ी चार दिनों से
ज़्यादा उड़ मैं न पाऊँगी।
पँखड़ियाँ तो मिल जाती हैं चड्ढा के बँगले में
बड़ा फूल-प्रेमी है, वैसे है पक्का बदमाश
तभी रात भर उसके घर हल्ला-गुल्ला रहता है
उसके लड़के ने गुलेल से उस दिन मुझको मारा।
अब तो वो ले आया है छर्रे वाली बन्दूक़।

बच्चे मानुष के होते क्यों जाने इतने क्रूर
उन्हें देख कर ही मेरी तो हवा संट होती है
इनसे तो अच्छे होते हैं बेटा बन्दर-भालू
ज़रा बहुत झपटा-झपटी ही तो करते हैं।'

काबुलीवाला

[आलोकधन्वा के लिए]

1

मुझे प्रेम करने की आदत पड़ चुकी है

दरअसल एक तकियाकलाम हूँ मैं
मुझे दोहराओ-दोहराओ
पुराने गाने की एक प्रीतिकर धुन

अपने लबादे से निकाल कर

तुम्हें दूँगा मैं
डोरियों वाला कपड़े का बटुआ
और रहस्यफल चिलग़ोज़े
दिखाऊँगा
रुपहली लड़ियों से झमकता
एक दुपलिया दस्ती शीशा
जो खुल जाता है किताब की तरह

2

एक बादल   जो दरअसल एक नम दाढ़ी था
एक बारिश   जो थी मेरा टपकता हुआ घर
एक ख़्वाब
ऐसा ऊभ-चूभ कि चूता था
भौंहों तक से आँसू सरीखा
एक तलब
इतनी हसीन अपनी बेताबी में

एक फ़रेब
जानबूझ कर कौर की तरह जिसे मुँह में डालते
दिल चूर-चूर हुआ

3

वह रास्ता हेरात की तरफ़ जाता है
उससे भी आगे कुस्तुंतुनिया की तरफ़
जहाँ के शायर और आलूचे सारी दुनिया में मशहूर हैं

वहीं तो इकट्ठा हुए थे पहले ज़िद्दी लश्कर
बास्फ़ोरस पार करने   चरमराते हुए काठ के बेड़ों पर।

उधर से ही होकर वापस ले जाई गई थी
बुख़ार खाकर मरे दिग्विजयी सिकंदर की मिट्टी

तब तक तो बनाए भी नहीं गए थे
पहाड़ तराश कर
बामियान के वे विशाल बुत
जिन्हें गढ़ना
व्याकरण के पहले सूत्रों को रचने से कम
दुष्कर और कमनीय न था।

इधर तो वे भी ढहाए जा चुके
गोले दाग़ कर
हालाँकि
आसान यह काम भी नहीं ही था
उनके लिए जिन्होंने इसे कर डाला

महान मित्रताओं जैसी सदा वत्सल
वे नदियाँ
जिन में धोते थे अपने ज़ख़्म और ज़िरहबख़्तर घायल योद्धा
भले ही अब सूख चुकी हैं
भले ही बार-बार बदली हों वर्दियाँ, झंडे और असलहे
रसद और फ़ौजों को लादने का काम
टट्टुओं से लेकर चाहे सिपुर्द कर दिया गया हो अब
बड़ी लड़ाई के बच रहे
इन गट्टू ट्रकों को
हम कभी बाहर नहीं हो पाए
हड्डियाँ गलाती हवाओं
और फटकारते हुए कोड़ों की ज़द से

न कम्बल जैसे सुखद
मुस्तक़बिल के ख़्वाबों से

भीमसेन जोशी

मैं चुटकी में भर के उठाता हूँ
पानी की एक ओर-छोर डोर नदी से
आहिस्ता
अपने सर के भी ऊपर तक

आलिंगन में भर लेता हूँ मैं
सबसे नटखट समुद्री हवा को

अभी-अभी चूम लीं हैं मैंने
पाँच उसाँसें रेगिस्तानों की
गुज़श्ता रातों की सत्रह करवटें

ये लो
यह उड़ चली 120 की रफ़्तार से
इतनी प्राचीन मोटर कार

यह सब रियाज़ के दम पर सखी
या सिर्फ़ रियाज़ के दम पर नहीं!

कुछ कद्दू चमकाए मैंने

कुछ कद्दू चमकाए मैंने
कुछ रस्तों को गुलज़ार किया
कुछ कविता-टविता लिख दी तो

हफ़्ते भर ख़ुद को प्यार किया

अब हुई रात अपना ही दिल सीने में भींचे बैठा हूँ

हाँ जी हाँ, वही कनफ़टा हूँ, हेठा हूँ
टेलीफ़ोन की बग़ल में लेटा हूँ,
रोता हूँ धोता हूँ रोते-रोते धोता हूँ
तुम्हारे कपड़ों से ख़ून के निशान धोता हूँ

जो न होना था वही सब हुवाँ-हुवाँ
अलबत्त उधर गहरा खड्ड था इधर सूखा कुआँ
हरदोई में जीन्स पहनी बेटी को देख
प्रमुदित हुईं कमला बुआ

तब रमीज़ क़ुरैशी का हाल ये था
कि बम फोड़ा जेल गया
वियतनाम विजय की ख़ुशी में
कचहरी पर अकेले ही नारे लगाए
चाय की दुकान खोली
जनता पार्टी में गया वहाँ भी भूखा मरा
बिलाया जाने कहाँ
उसके कई साथी इन दिनों टीवी पर चमकते हैं
मगर हमारे दिल उसी के लिए सुलगते हैं

अलबत्ता कामरेड कज्जी मज़े में हैं
पहनने लगे हैं इधर अच्छी काट के कपड़े
राजा और प्रजा दोनों की भाषा जानते हैं
और दोनों का ही प्रयोग करते हैं अवसरानुसार
काल और स्थान के साथ उनके संकलन त्रय के दो उदाहरण

उनकी ही भाषा में :

रहे न कोई तलब कोई तिश्नगी बाक़ी
बढ़ा के हाथ दे   दो बूँद भर हमें साक़ी

मज़े का बख़त है तो इसमें हैरानी क्या है
हमें भी कल्लैन द्यो कुछ मज्जा परेसानी क्या है

अनिद्रा की रेत पर तड़-पड़ तड़पती रात
रह गई है रह गई है अभी कहने से
सबसे ज़रूरी बात

जल की दुनिया में भी बहार आती है

जल की दुनिया में भी बहार आती है
मछली की आँखों की पुतली भी हरी हुई जाती है।

जब आती हवा हाँकती लेकर काले-काले जलद यूथ
प्राणों को हरा-भरा करती
बेताब बनाती बूढ़े-भारी पेड़ों तक को
धरती के ज़र्रे-ज़र्रे को
जीवन के निरुपमेय रस से भरती
अजब संगीत सुनाती है।

यह शीतल राग हवा का, यह तो है ख़ास हमारे पूरब का
यह राग पूरबी दुनिया का अनमोल राग
इसकी धुन ज़िन्दा रखती है मेरे जन को
हैं जहाँ कहीं, अनवरत सताए जाते जो

जाँगर करते
खटते-पिटते
लड़ते-भिड़ते
गाने गाते

सन्तप्त हृदय-पीड़ित, प्रच्छन्न क्रोध से भरे
निस्सीम प्रेम से भरे, भरे विस्तीर्ण त्याग
मेरे जन जो यूँ डूबे हैं गहरे पानी में
पर जिनके भीतर लपक रही ख़ामोश आग
यह राग पूरबी की धुन उन सब की कथा सुनाती है।
जल की दुनिया में भी बहार आती है
मछली की आँखों की पुतली भी हरी हुई जाती है।

उठा लंगर खोल इंजन

[जहाज़ी बेटे पाखू के लिए यह स्कूली कविता]

1

उठा लंगर, छोड़ बन्दरगाह!
नए होंगे देश, भाषा, लोग, जीवन
नया भोजन, नई होगी आँख
पर यही होंगे सितारे
ये ही जलधि-जल
यह आकाश
ममता यही
पृथ्वी यही अपनी प्राणप्यारी
नएपन की माँ हमारी धरा।

हवाएँ रास्ता बतलाएँगी

पता देगा अडिग ध्रुव चम-चम-चमचमाता
प्रेम अपना
दिशा देगा
नहीं होंगे जबकि हम तब भी हमेशा दिशा देगा
लिहाज़ा,
उठा लंगर खोल इंजन छोड़ बन्दरगाह।

हैं अभी वे लोग जो ये बूझते हैं
विश्व के हित न्याय है अनमोल
वही शिवि की तरह ख़ुद को जाँचते
देते स्वयं को कबूतर के साथ ही में तोल
याद है क्या यह कहानी?
सातवीं में यह पढ़ी थी
मगर फिर भी बस कहानी ही नहीं है
आदमी है आदमी है आदमी
आदमी कमबख़्त का सानी नहीं है
फोड़ कर दीवार कारागार की इंसाफ़ की ख़ातिर
तलहटी तक ढूँढ़ता है स्वयं अपनी थाह।

2

उठा लंगर छोड़ बन्दरगाह
अभी मिलना नहीं है विश्रान्ति का अवसर
कभी मिलना नहीं है
बस खोजनी है राह।
गरजते हैं मेघ कड़-कड़-धमक-धम-धम
गरजता है जल
चपल विक्षुब्ध छल
बरसता है जल
फटे दिल से फेंकता बादल लुआठे आग के

मेघ लीला!
वायु की उद्वेग लीला
रात के स्याही पुते पट पर
अब उठा लंगर।

बात कहने का मेरा अन्दाज़ तुझको
लगेगा काफ़ी पुराना और बेढब
जानता हूँ
किंतु प्यारे
द्वंद्व यह प्राचीन
और ये भी है
कि जिसको बाँचना इतना सुगम हो
उसी को बूझना
बेहद जटिल।
हम नए हैं
पुनर्नव संकल्प अपने
नया अपना तेज
उपकरण अपने नए
उत्कट और अपनी चाह

सो धड़धड़ा कर चला इंजन

उठा लंगर
छोड़ बन्दरगाह।

धन का घन

धन का घन
रहा बाज घन्न-घन्न

घन-घन-घन
घनन-घनन
फटे जा रहे पर्दे भ्रान्तिग्रस्त कानों के
छुटे चले जाते हैं छक्के प्राणों के
काट रही सर्वव्याप्त अन्धकार
लपटों की धुआँ-भरी हू-हू-हू
गोली की गोलों की सन-सन-सन-सनन-सनन

रात भरी भीषण अंधे कोलाहल कलरव से
बूटों की ठक-ठक से
भागती पदचापों से
चीख़ें कमउम्र लड़कियों की
चीत्कार
उत्फुल्लित युवा वर्ग हाय-हाय
धाँय-धाँय-ढम-ढम-ढम
टीवी की टनन-टनन
धन का घन!

ग़लत हिज्जे

मन मलीन मन्द दिन कठीन
पिछे छुटे प्रविन
हिन हिन हिन आगे
सान से बोलता है
छः दुने तिन

क्या कीजे!

उत्कृष्ट उच्चारण परिनिष्ठित भाषा
मृदुल हास
बुद्धि तीक्ष्ण
चेहरा भी सुन्दर और मोहरा भी
धर्मनिरपेक्षता पर भी है पूरा विश्वास
अब आत्मा में ही नहीं है सुवास
तो क्या कीजे!

ऊधो, मोहि ब्रज

*[इलाहाबाद पर अजय सिंह, गिरधर राठी, नीलाभ,
रमेन्द्र त्रिपाठी और ज्ञान भाई के लिए]*

गोड़ रहीं माई ओ मउसी ऊ देखौ
आपन-आपन बालू के खेत
कहाँ को बिलाए ओ बेटवा बताओ
सिगरे बस रेत ही रेत
अनवरसीटी हिरानी हे भइया
हेराना सटेसन परयाग
जाने केधर गै ऊ सिविल लैनवा
किन बैरन लगाई ई आग।

वो जोश-भरे नारे वह गुत्थमगुत्था बहसों की
वे अध्यापक कितने उदात्त और वत्सल
वह क़हवाघर!
जिसकी ख़ुशबू बेचैन बुलाया करती थी
हम कँगलों को

दोसे महान

जीवन में पहली बार चखा जो हैम्बरगर।

छंगू पनवाड़ी शानदार
अद्‌भुत उधार।

दोस्त निश्छल, विद्वेषहीन
जिनकी विस्तीर्ण भुजाओं में था विश्व सकल

सकल प्रेम
ज्ञान सकल।

अधपकी निमोली जैसा सुन्दर वह हरा-पीला
चिपचिपा प्यार

वे पेड़ नीम के ठंडे
चित्ताकर्षक पपड़ी वाले काले तनों पर
गोंद से सटी चली जाती मोटी वाली चींटियों की क़तार
काफ़ी ऊपर तक
इन्हीं तनों से टिका देते थे हम
बिना स्टैंड वाली अपनी किराये की साइकिल।

सड़कें वे नदियों जैसी शान्त और मन्थर
अमरूदों की उत्तेजक लालसा भरी गन्ध
धीमे-धीमे से डग भरता वह अक्टूबर
गोया फ़िराक़।

कम्पनीबाग़ के भीने-पीले वे गुलाब
जिन पर तिरती आ जाया करती थी बहार
वह लोकनाथ की गली गाढ़ लस्सी वाली
वे तुर्श समोसे मिर्ची का मीठा अचार

सब याद बेतरह आते हैं जब मैं जाता जाता-जाता हूँ।

अब बगुले हैं या पंडे हैं या कउए हैं या हैं वकील
या नर्सिंग होम, नए युग की बेहूदा पर मुश्किल दलील

नर्म भोले मृगछौनों के आखेटोत्सुक लूमड़ सियार
खग कूजन भी हो रहा लीन!

अब बोल यार बस बहुत हुआ
कुछ तो ख़ुद को झकझोर यार!

कुर्ते पर पहिने जीन्स जभी से तुम भइया
हम समझ लिये
अब बख़त तुम्हारा ठीक नहीं।

कानपूर

[केदारनाथ सिंह और पंकज चतुर्वेदी के लिए]

एक

प्रेम तुझे छोड़ेगा नहीं।
वह तुझे ख़ुश और तबाह करेगा।

सातवीं मंज़िल की बालकनी से देखता हूँ
नीचे आम के धूल सने पोढ़े पेड़ पर
उतरा है गमकता हुआ वसन्त   किंचित् शर्माता।
बड़े-बड़े बैंजनी—
पीले-लाल-सफ़ेद डहेलिया
फूलने लगे हैं छोटे-छोटे गमलों में भी।

निर्जन दसवीं मंज़िल की मुँड़ेर पर
मधुमक्खियों ने चालू कर दिया है
अपना देसी कारख़ाना।
सुबह होते ही उनके झुंड लग जाते हैं काम पर
कोमल धूप और हवा में अपना वह
समवेत मद्धिम संगीत बिखेरते
जिसे सुनने के लिए तेज़ कान ही नहीं
वसन्त से भरा प्रतीक्षारत हृदय भी चाहिए।
आँसुओं से डब-डब हैं मेरी चश्मा मढ़ी आँखें
इस उम्र और इस सदी में।

दो

पूरे शहर पर जैसे एक पतली-सी परत चढ़ी है धूल की।
लाल इमली एल्गिन म्योर ऐलेन कूपर—
ये उन मिलों के नाम हैं
जिनकी चिमनियों ने आहें भरना भी बन्द कर दिया है।
इनसे निकले कोयले के कणों को
कभी बुहारना पड़ता था
गर्मियों की रात में
छतों पर छिड़काव के बाद बिस्तरे बिछाने से पहले।
इनकी मशीनों की धक-धक
इस शहर का अद्वितीय संगीत थी।
बाहर से आया आदमी
उसे सुनकर हक्का-बक्का हो जाता था।

फिर मकड़ियाँ आईं।
उन्होंने बुने सुघड़ जाले
पहले कुशल मज़दूर नेताओं
और फिर चिमनियों की मुख-गुहाओं पर।

फिर वे झूलीं
और फहराईं
फूटे हुए एसबेस्टस के छप्परों
और छोड़ दी गईं सूनी मशीनों पर
अपनी सफ़ेद रेशमी पताका जैसी।

तीन

फूलबाग़ में फूल नहीं
चमनगंज में चमन
मोतीझील में झील नहीं
फ़ज़लगंज चुन्नीगंज कर्नलगंज में
कुछ गंजे होंगे ज़रूर
मगर लेबर दफ़्तर और कचहरी में न्याय नहीं।

चार

पूरी रात तैयारी के बाद अपनी धमन भट्ठी दहकाते हैं
सूरज बाबू और चुटकी में पारा पहुँच जाता है अड़तालीस
लेकिन सूनी नहीं होगी थोक बाज़ारों
और औद्योगिक आस्थानों की गहमागहमी

कुछ लद रहा होगा
या उतर रहा होगा
या ले जाया जा रहा होगा
रिक्शों, ऑटों, पिकपों, ट्रकों
या फिर कन्धों पर ही :
लोहा-लंगड़-अर्तन-बर्तन-जूता-चप्पल-पान मसाला
दवा-रसायन-लैयापट्टी-कपड़ा-सत्तू-साबुन-सरिया

आदमी से ज़्यादा बेकाम नहीं यहाँ कुछ

न कुछ उससे ज़्यादा काम का।

पाँच

ककड़ी जैसी बाँहें तेरी झुलस झूर जाएँगी
पपड़ जाएँगे होंठ गदबदे प्यासे-प्यासे
फिर भी मन में रखा घड़ा ठंडे-मीठे पानी का
इस भीषण निदाघ में तुझको आप्लावित रक्खेगा

अलबत्ता
लली, घाम में जइये, तौ छतरी लै जइये

छह

फिर एक राह गुज़री
फिर नई सड़क बेकनगंज ऊँचे फाटक वाला यतीमख़ाना।
बाबा की बिरयानी
'न्यू डीलक्स' के ग़रीबपरवर कबाब-रोटी विद रायता।
रमज़ान की पवित्र रातें
रात भर चहल-पहल पीतल के बड़े-बड़े हंडों वाले चायख़ानों में
और फिर ईद :
टोपियाँ
नए कपड़ों में टोलियाँ
नेताओं और अफ़सरों से गले मिलते लोगों की
सालाना तस्वीरें स्थानीय अख़बारों में।

लाल आँखों वाला एक ज़ईफ़ मुसलमान,
जब वो मुझसे पूछता है तो शर्म आती है :
'जनाब, हमारी ग़लती क्या है?
कि हम यहाँ क्यों रहे?
हम वहाँ क्यों नहीं गए?'

इस पुराने सवाल का जवाब पूछती उसकी दाढ़ी
आधी सफ़ेद आधी स्याह है।

शहर के सबसे ग़रीब लोग
इन्हीं पुरपेच गलियों में रहते हैं
काबुक में कबूतरों की तरह दुमें सटाए
जिस्म की हरारत से तसल्ली लेते,
सबसे भीषण-जाँबाज़ युवा अपराधी भी यहाँ रहते हैं,
क़िस्तों पर ली गईं सबसे ज़्यादा तेज़रफ़्तार मोटरसाइकिलें यहीं हैं,
सबसे रईस लोग गोकि घर छोड़ गए हैं
मगर उनके अपने ठिकाने अब भी हैं यहीं।

सात

घंटाघर
जैसे मणिकर्णिका है जिसे कभी नींद नहीं।
थके हुए मनुष्यों की रसीली गन्ध पर
लार टपकाता
एक अदृश्य बाघ
बेहद चौकन्ना होकर टहलता भीड़ में
एहतियात से अपने पंजे टहकोरता
कि कहीं उसकी रोयेंदार देह का कोई स्पर्श
चिहुँका न दे
फ़ुटपाथ पर ल्हास की तरह सोते
किसी इन्सान को।

'नंगी जवानियाँ'
यही फ़िल्म लगी है
पास के 'मंजु श्री' सिनेमा में
घटी दर पर।

आठ

गंगाजी गईं सुकलागंज
घाट अपरंच भरे-भरे।
भैरोंघाट में बिराजे हैं भैरवनाथ लाल-काले
चिताओं और प्रतीक्षारत मुर्दों की सोहबत में,
परमट में कन्नौजिया महादेव, भाँग के ठेले और आलू की टिक्की,
सरसैयाघाट पर कभी विद्यार्थी जी भी आया करते थे
अब सिर्फ़ कुछ पुराने तख़्त पड़े हैं रेत पर, हारे हुए गंगा-सेवकों के,
जाजमऊ के गंगा घाट पर नदी में सीझे हुए चमड़े की गन्ध और रस।

माघ मास की सूखी हुई सुरसरिता के ऊपर समानान्तर
ठहरी-ठहरी-सी बहती है
गन्धक सरीखे गाढ़े-पीले कोहरे की
एक और गंगा।

नौ

दहकती हुई रासायनिक रोशनी में
बालू के विस्तार पर
सिर्फ़ रेंगता सा लगता है दूर से
एक सुर्ख़ ट्रैक्टर
सुनाई नहीं पड़ता
चींटियों सरीखे कई मज़दूर
जो शायद ढो रहे हैं कुछ भारी असबाब
जैसे शताब्दियों से!
किरकिराती आँखों से देखता हूँ
बनता हुआ गंगा बैराज।

एक थकी हुई पराजित सेना के घोड़े

और देहाती पदातिक
उतरेंगे अभी
क्लान्त नदी में रात के अँधेरे में बार-बार
बिठूर के टीलों भरे तट पर
किसी फ़िल्म में निरन्तर दोहराए जाते
मूक दृश्य की तरह।

इसी तट के पार
शुरू होते हैं
उद्योगपतियों के फ़ार्म हाउस
और विलास गृह।

दस

रात है रात बहुत रात बड़ी दूर तलक
सुबह होने में अभी देर है माना काफ़ी
पर न ये नींद रहे नींद फ़क़त नींद नहीं
ये बने ख़्वाब की तफ़सील अँधेरों की शिकस्त।

वृक्क

[डॉ. नीरज के वास्ते]

वृक्क कहने से बात ही बदल जाती है
गुर्दे तो बकरे के भी होते हैं।

अपने पीछे ही डॉक्टर ने
लगाया हुआ है वह लाल-नीला नक़्शा
जिसमें सेम के बीज जैसे वृक्कों की आन्तरिक संरचना
बड़ी सफ़ाई से दिखाई गई है

तुम डॉक्टर से बातें करते हुए भी
देख लेते हो कि
कितनी चक्करदार गलियों से
छनने के बाद
देह में दौड़ता है ख़ून और उत्सर्जन के रास्ते पर जाता है पेशाब

सारी ख़तरनाक सचाइयाँ इतनी ही आसान होती हैं
सारी अतीव सुन्दरताएँ भी।
अलबत्ता उन्हें आसान बनाने का काम
बेइन्तिहा जटिल होता है
और स्वस्थ गुर्दों वाले प्रसन्न ज्ञानी ही उसे अंजाम दे पाते हैं।

रुग्ण पिताजी

रात नहीं कटती? लम्बी यह बेहद लम्बी लगती है?
इसी रात में दस-दस बारी मरना है जीना है
इसी रात में खोना-पाना-सोना-सीना है।
ज़ख़्म इसी में फिर-फिर कितने खुलते जाने हैं
कभी मिले थे औचक जो सुख वे भी तो पाने हैं

पिता डरें मत, डरें नहीं, वरना मैं भी डर जाऊँगा
तीन दवाइयाँ, दो इंजेक्शन अभी मुझे लाने हैं।

शव पिताजी

चार दिन की दाढ़ी बढ़ी हुई है
उस निष्प्राण चेहरे पर
कुछ देर में वह भी जल जाएगी।

पता नहीं क्यों और किसने लगा दिए हैं
नथुनों पर रुई के फाहे
मेरा दम घुट रहा है।

बर्फ़ की सिल्ली से बहते पानी से लथपथ है दरी
फ़र्श लथपथ है
मगर कमरा ठंडा हो गया है।
कर्मठ बंधु-बांधव तो बाहर लू में ही
आगे के सरंजाम में लगे हैं
मैं बैठा हूँ या खड़ा हूँ या सोच रहा हूँ
या सोच नहीं रहा हूँ
य र ल व श   श व ल र य
ऐसी कठिन उलटबाँसी जीवन और शव की।

ख़त्म पिताजी

पिता आग थे कभी, धुआँ थे कभी, कभी जल भी थे
कभी अँधेरे में रोती-पछताती एक बिलारी
कभी नृसिंह कभी थे ख़ाली शीशी एक दवा की
और कभी हँसते-हँसते बेदम हो जाता पागल
शीश पटकता पेड़ों पर, सुनसान पहाड़ी वन में।

अभी आग हैं
अभी धुआँ हैं
अभी ख़ाक हैं

स्मृति-पिता

एक शून्य की परछाईं के भीतर
घूमता है एक और शून्य
पहिये की तरह
मगर कहीं न जाता हुआ।

फिरकी के भीतर घूमती
एक और फिरकी
शैशव के किसी मेले की।

गंगा-स्तवन

[लीलाधर जगूड़ी, मंगलेश डबराल और सुन्दरचन्द ठाकुर के साथ,
हरसिल-गंगोत्री के रस्ते पर]

1

यह वन में नाचती एक किशोरी का एकान्त उल्लास है
अपनी ही देह का कौतुक और भय!
वे जो झरने बहे चले आ रहे हैं
हज़ारों-हज़ार
हर क़दम उलझते-पुलझते कूदते-फाँदते
लिये अपने साथ अपने-अपने इलाक़े की
वनस्पतियों का रस और खनिज तत्त्व
दरअसल उन्होंने ही बनाया है इसे
देवापगा
गंग महरानी!

2

गंगा के जल में ही बनती है

हरसिल इलाक़े की कच्ची शराब!

घुमन्तू भोटियों ने खोल दिए हैं क़स्बे में खोखे
जिनमें वे बेचते हैं
दालें-सूई-धागा-प्याज़-छतरियाँ-पॉलिथीन
वग़ैरह
निर्विकार चालाकी के साथ ऊन कातते हुए

दिल्ली का तस्कर घूम रहा है
इलाक़े में अपनी लम्बी गाड़ी पर
साथ बैठाले एक ग्रामकन्या और उसके शराबी बाप को
इधर फोकट में मिल जाए अंग्रेज़ी का अद्धा
तो उस अभागे पूर्व सैनिक को
और क्या चाहिए!

3

इस तरह चीख़ती हुई बहती है
हिमवान की गलती हुई देह!

लापरवाही से चिप्स का फटा हुआ पैकेट फेंकता वह
आधुनिक यात्री
कहाँ पहचान पाएगा वह
ख़ुद को नेस्तनाबूद कर देने की उस महान यातना को
जो एक अभिलाषा भी है

कठोर शिशिर के लिए तैयार हो रहे हैं गाँव

विरल पत्र पेड़ों पर चारे के लिए बाँधे जा चुके
सूखी हुई घास और भूसे के

लूटे-परखुंडे
घरों में सहेजी जा चुकीं
सुखाई गईं मूलियाँ और उग्गल की पत्तियाँ

4

मुखबा में हिचकियाँ लेती-सी दिखती है
अतिशीतल हरे जल वाली गंगा!

बादलों की ओट हो चला गोमुख का चितकबरा शिखर

जा बेटी, जा वहीं अब तेरा घर होना है
मरने तक

चमड़े का रस मिले उसको भी पी लेना
गाद-कीच-तेल-तेज़ाबी रंग सभी पी लेना
ढो लेना जो लाशें मिलें सड़ती हुई
देखना वे ढोंग के महोत्सव
सरल मन जिन्हें आबाद करते हैं अपने प्यार से

बहती जाना शान्त-चित्त सहलाते-दुलराते
वक्ष पर आ बैठे जल-पाखियों की पाँत को

बावजूद मधुशाला के, कवि बच्चन जी

चाँद की चकल्लस से
कुछ सुन्दर हुई रात
थोड़ी-सी हवा चली
और मज़ा आ गया

बालकनी से दीखा
सुदूर भूरे रंग का अन्धकार
जिसे भेदते दाख़िल होती थी
महानगर में
अन्तहीन-सी लगती क़तार मोटर गाड़ियों की
वैसे ही इस तरफ़ से भी जाती थी

याद आए कुछ चेहरे
भूलें भी कुछ कसकीं
जी में आया यह भी
कवि बच्चन में कुछ तो है
बावजूद मधुशाला के!

ख़ुद को ढूँढ़ना!

एक शीतोष्ण हँसी में
जो आती गोया
पहाड़ों के पार से
सीधे कानों फिर इन शब्दों में

ढूँढ़ना ख़ुद को
ख़ुद की परछाईं में
एक न लिये गए चुम्बन में
अपराध की तरह ढूँढ़ना।

चुपचाप गुज़रो इधर से,
यहाँ आँखों में मोटा काजल
और बेंदी पहनी सधवाएँ
धो रही हैं

रेत से अपने गाढ़े चिपचिपे केश
वर्षा की प्रतीक्षा में।

स्याही ताल

मेरे मुंतज़िर थे
रात के फैले हुए सियह बाज़ू
स्याह होंठ
थरथराते स्याह वक्ष
डबडबाता हुआ स्याह पेट
और जंघाएँ स्याह।

मैं नमक की खोज में निकला था
रात ने मुझे जा गिराया
स्याही के ताल में।

तिनतल्ला शयनयान छह खीसों वाली पतलून

तिनतल्ला शयनयान
छह खीसों वाली पतलून
शुरुआती सर्दी की सुबह-सुबह आठ बजे
लम्बी यात्रा वाली यह ट्रेन।
झाग-भरे मुँह में टूथ बुरुश भाँचता
पतली गर्दन पर डाले तौलिया फ़िल्मी अदा से
संडास के बाहर आईने में निहारता
मुदित मन छवि अपनी
ख़ुद की समझ में दुनियादारी में सिद्धहस्त हो चुका
पंजाब से लौटता वह युवा कामगार
पिचके गालों वाला।

छह खीसों वाली पतलून।
तिनतल्ला शयनयान।

झाड़े चला जा रहा वह छोटा बच्चा छोटे से झाड़ू से
मूँगफली के छिक्कल पूड़ी के टुकड़े प्याले प्लास्टिक के
और मार गन्द-मन्द।
डब्बे के इस छोर से झाड़ता-बटोरता बढ़ रहा आगे
ख़ुद में ही खेदजनक कल्मष-सा वह बच्चा
बढ़ा चला आ रहा इस तिनतल्ला शयनयान में।

आई फिर वह आई
तीन बरस की बेटी नटिनी की
गालों में उँगली से लाल रंग के टुपके
भोली प्यारी आँखों में मोटा-मोटा काजल
तीन बरस की बेटी नटिनी की   आई गलियारे में
डब्बे के इस छोर से उस छोर तक दौड़ी
अपनी मुंडी हिलाती साभिनय
कुछ भी बोले बग़ैर
फिर थोड़े करतब कुछ कठिन कलाबाज़ियाँ।
पीछे से ताल ठोंकती युवती अम्मा
दफ़्ती के डिब्बे पर
आगे वह तीन बरस की भोली-प्यारी बेटी नटिनी की

हैरत से सभी वाह-वाह-वाह-वाह
भेजो जी, भेजो इन्हें ओलिम्पिक में

तीन बरस की बेटी नटिनी की।

मैंने भी सोचा कुछ रख दूँ

उस पसरी हुई
लाल टुपका लगी नन्ही गदेली पर
'रुपिया-दो रुपिया'
पर ख़ुदरा न था
जेब में एक हाथ डाले सहलाता किया वह बड़ा नोट
दूसरे हाथ से बच्ची के सर पर
प्रोत्साहन-भरी थपकी
जो ताल की तरह तो नहीं
मगर कुछ बजी मेरे ही भीतर
धत्-धत्! धत्-धत्-धत्
तिनतल्ला शयनयान
छह खीसों वाली पतलून।

प्रेम के बारे में एक शब्द भी नहीं

शहद के बारे में
मैं एक शब्द भी नहीं बोलूँगा

वह
जो बहुश्रुत संकलन था
सहस्त्र पुष्प-कोशों में संचित रहस्य रस का

जो न पारदर्शी न ठोस न गाढ़ा न द्रव
न जाने कब
एक तर्जनी की पोर से
चखी थी उसकी श्यानता
गई नहीं अब भी वह

काकु से तालु से
जीभ के बीचोबीच से
आँखों की शीतलता में भी वही

प्रेम के बारे में
मैं एक शब्द भी नहीं बोलूँगा।

लॉरी बेकर

स्थापत्य कुछ नहीं
सिवा मिट्टी घास काठ पानी
और तुम्हारी आत्मा के
जो रोशनी और प्रीतिकर अँधेरे से बनी है।
सबसे ज़रूरी चीज़ है
वो ख़याल
जिसे तुम शक्ल देते हो पहले
सिर्फ़ हवा में,
लिहाज़ा
हवा भी सबसे ज़रूरी चीज़ों में एक है।
बाक़ी सारे नगीने तो बकवास हैं
सारे प्रपंच
पाखंड।

गाज़ा का कुत्ता

वह जो कुर्सी पर बैठा
अख़बार पढ़ने का ढोंग कर रहा है
जासूस की तरह

वह दरअसल मृत्यु का फ़रिश्ता है।

क्या शानदार डॉक्टरों जैसी बेदाग़ सफ़ेद पोशाक है उसकी
दवाओं की स्वच्छ गंध से भरी
मगर अभी जब उबासी लेकर अख़बार फड़फड़ाएगा,
जो दरअसल उसके पंख हैं

तो भयानक बदबू से भर जाएगा यह कमरा
और ताज़ा ख़ून के गर्म छींटे
तुम्हारे चेहरे और बालों को भी लथपथ कर देंगे
हालाँकि बैठा है वह समुद्रों के पार
और तुम जो उसे देख पा रहे हो
वह सिर्फ़ तकनीक है
ताकि तुम उसकी सतत उपस्थिति को विस्मृत न कर सको

बालू पर चलते हैं अविश्वसनीय रफ़्तार से सरसराते हुए भारी-भरकम टैंक
घरों पर बुलडोज़र
बस्तियों पर बम बरसते हैं
बच्चों पर गोलियाँ

एक कुत्ता भागा जा रहा है
धमाकों की आवाज़ के बीच
मुँह में किसी बच्चे की उखड़ी बची हुई भुजा दबाए
कान पूँछ हलके से दबे हुए
उसे किसी परिकल्पित
सुरक्षित ठिकाने की तलाश है
जहाँ वह इत्मीनान से
खा सके अपना शानदार भोज
वह ठिकाना उसे कभी मिलेगा नहीं।

लहसुन

हाय तुझे ही लूँ, तुझे काटूँ बारीक-बारीक
तेरी ख़ुशबू में खो जाऊँ, हाय

तब मेरी प्रिया के दाँत भी ऐसे ही सुन्दर थे
ऐसे ही सुगठित, पंक्तिबद्ध चमकीले
हाँ, वह दिव्य सुगंध तब भी न थी उनमें
यह उन दिनों की बात है
जब सुगंधों की महा-तलाश शुरू ही की थी हमने,

मुझे पता लगा
कि हिमालय के पठारी हिस्सों में
जहाँ तेज़ धूप में
नमकीन भूरी चट्टानों के पसीने और गोंद की तरह
निकलते हैं हींग और शिलाजीत
वहीं दरारों के बीच जमी रहस्यमय मिट्टी से
इसकी जड़ों को खोद निकाला था
लामा थोघपा-पा-था ने ईसा से एक शताब्दी पहले।

उन्होंने ही इसके कल्ले
उपहारस्वरूप भिजवाए
कोटांतिक भाषा में अनूदित
पवित्र पुस्तकों के साथ
ल्हासा में दलाई लामा
लिच्छवि, पाटलिपुत्र
कोसल, गांधार जैसे पुराने गणराज्य
और चीन-जापान देश को।
इस प्रकार उपमहाद्वीप सहित समस्त एशिया

और फिर मध्य यूरोप में फैला
इस गाँठ-किन्नर का सुस्वादु साम्राज्य
कालान्तर में।
इसके प्रसाद में बौद्धों की महती भूमिका के कारण ही
ब्राह्मणों ने इसे अपवित्र और सद्गृहस्थों में
निषिद्ध घोषित किया।
        वह तो भला हो जनवेद आयुर्वेद का
        जिसने द्वारान्तर से खुले रखे इसके लिए कपाट!
यह सारा विवरण वस्तुत: एक लम्बे
स्वप्न पर आधारित है जो अपनी
रुग्ण तन्द्रावस्था में पिछले दिनों
धारावाहिक मैंने देखा
        सम्भव है निकट भविष्य में
        इसी कोटि का इतिहास आपको
        पाठ्य-पुस्तकों में भी दिखाई पड़े।

पलाश बिस्वास

सन्निपात में हो जैसे
अपनी निरन्तर बड़बड़ाहट में रचता है वह
अपने सपनों और कामनाओं का स्वच्छलोक
जो लिपा हुआ है पोखर की मिट्टी और गोबर से।

बारिशों से सीली हुई हैं
शंक्वाकार भूतों वाली झोंपड़ियाँ
जिनकी फूस बिल्लियों की सावधान चाल से
भी धसकने लगती है
धान के खेत और केले के पेड़

पर्याप्त इर्द-गिर्द। और मछलियाँ भी ततैयों में
और झगड़े-फ़साद-टंटे सब बन्द।
यह पिक्चर पोस्टकार्ड बनाया है उसने
बसन्तीपुर का
उसकी माँ के नाम पर नैनीताल की तराई में
बसा बांग्लादेशी शरणार्थियों का एक गाँव
जहाँ लौट नहीं पाया है वह
पिछले कई सालों से
वर्ण के विष-बुझे अभिशाप से बिंध
उसका घायल हृदय मगर
मँडराता रहता है उसी के आसपास
किसी प्रेतात्मा की तरह
वह आध बंगाली, आध पहाड़ी
दुनियावी सफलताओं के लिए ज़रूरी चातुर्य
नहीं जुटा पाया वह न सुरक्षा
जबकि पैंतीस बरस से बचा हुआ है
हिन्दी पत्रकारिता की
क्षुद्र दुनिया में।
दलितों वंचितों पिछड़ों को न्याय चाहिए
बराबरी का प्रेम
और इन इच्छाओं को सचमुच समझ पाना
आसान नहीं सवर्णों के लिए।

वह थोड़ा अंबेडकर थोड़ा मार्क्स
थोड़ा अभिमन्यु थोड़ा शम्बूक
थोड़ा पत्रकार थोड़ा समाचार
थोड़ा अपनी निष्कपट हँसी
थोड़ा एक पुरानी बन्दूक़।

क़िले को
खँडहर में बदलने वाली

पत्थरों के जोड़ों के बीच उगी
मोटी घास
अपना वही प्यारा बावला बाग़ी दोस्त
पलाश बिस्वास।

पितृपक्ष

मैं आके नहीं बैठूँगा कौवा बनकर
तुम्हारे छज्जे पर
पूड़ी और मीठे कद्दू की सब्ज़ी के लालच में
टेरूँगा नहीं तुम्हें
न कुत्ता बनकर आऊँगा तुम्हारे द्वार
रास्ते पर ठिठकी हुई गाय
की तरह भी तुम्हें नहीं ताकूँगा
वत्सल उम्मीद की हुमक के साथ

मैं तो सतत रहूँगा तुम्हारे भीतर
नमी बनकर
जिसके स्पर्श मात्र से
जाग उठता है जीवन मिट्टी में
कभी-कभी विद्रूप से भी भर देगी तुम्हें वह
जैसे सीलन नई पुती दीवारों को
विद्रूप कर देती है
ऐसा तभी होगा जब तुम्हारी इच्छाओं की इमारत
बेहद चमकीली और भद्दी
हो जाएगी
पर मैं रहूँगा हरदम तुम्हारे भीतर पक्का।

परिकल्पित कथालोकान्तर काव्य-नाटिका नौरात, शिवदास और सिरी भोग वग़ैरह

[दिवंगत अग्रजों शैलेश मटियानी और गिरीश तिवाड़ी 'गिर्दा' को किंचित् क्षमा-याचना के साथ याद करते हुए, सादर]

क्षेपक-1

कथा के भीतर एक और कथा लखूदास दर्ज़ी की
जो गाँव के लोगों के कपड़े सिलता था सूई-धागे से
शादी-ब्याह में ढोल दमौं बजाता था
और नौरातों में इसी मन्दिर में काटता था
बलि के बकरे और कटड़े।
बाद में उसकी दासोचित विनम्रता-सज्जनता देख
उसे राजा के रनिवास में सेवक बना दिया गया।

नौ लाख का हारऽ
राणी का मैं सेवक ठैरा पर उसको मुझसे प्यारऽ!
धुकुड़-पुकुड़-जुंग-जुंग
खुसुर-पुसुर-खुसुर-पुसुर
पंग-पंग-फटर-फटर

राजा नै बुलायो मुझे अपने कोठार में
ग़लती नहीं तेरी मगर राणी तेरे प्यार में
बोल रे दास,
मैं क्या करूँ, ग़लती नहीं तेरी कोई।
तू दूर-दूर रहता है पर
वह तुझे नौलखा हार देती है जबरन
तुझे अपने तालाब में नहाने को कहती है
तुझसे ब्रह्म कमल मँगाती है
चढ़ाती है तुझे पके काफलों से लदे छरहरे पेड़ पर

कहती है झकझोर-झकझोर-झकझोर।
पक्-पक्-पक्-खुसुर-पुसुर
खुसुर-पुसुर-धाँय-धाँय
मुझे सब पता है रे दास
जी तो नहीं करता लेकिन
कैसे तुझे ज़िन्दा छोड़ दूँ रेऽ, तू ही बोल!
राज की राजा की राजघराने की
इज़्ज़त का है सवाल
इसलिए मारूँगा मैं तुझे अपने हाथ से
मगर इस सोने की तलवार से
जीवन भर भेजूँगा तेरे घर हर माह
बीस पसेरी गेहूँ धान तेल दाल
तू चिन्ता मत करना मरने के बाद भी
हाय धुकुड़, दै धुकुड़, हाय धुकुड़, दै-दै-दै

मेरा मन अपनी सच्चाई
जवानी और राजा की झूठी इज़्ज़त पर हाय-हाय

अरे ओ बाघनाथ जी जागनाथ जी
नंदादेवी अल्मोड़ा की गंगोलीहाट की कालिका
कितना पुकारा मैंने तुम्हें क्रन्दन करते हुए पर फ़िज़ूल!
उधर पीठ ओट में
राजा पैनी कर रहा अपनी सोने की तलवार
सोचा मैंने अब तो बचना क्या है
सो दन्न एक लात धरी राजा कर पट्ऽऽ
छप्पड़ से खींच धरा
और एक लठ्ऽऽ
उसके बाद उतर-पुतर-दुकुड़-पुकुड़
दन्-दन्-दन्

उतर-उतर-भाग-भाग-दन्-दन्-दन्
दनन्-दनन्।
आगे-आगे भागे हिरन, भाग लखूदास भाग
पीछे ख़रगोश भागे, भाग लखूदास भाग
ऊपर-ऊपर उड़े तोता लखूदास उड़-उड़-उड़
झाड़ी में चकोर रोता, उड़-उड़-उड़-उड़-उड़-उड़
आँखों में आँसू भर रोएँ वन प्राणी
बच जा बच जा कैसे भी रोएँ वन प्राणी
भाबर की घास-घाम तराई के जंगल-वन
दुगुन-तिगुन-दुगुन-तिगुन-दुगुन-तिगुन-दुगुन-तिगुन

उधर हल्ला मच गया था पूरी रियासत में
'अरे दास ने मारा राज्जा को रे!'
दन्-दन्-दन्-दुगुन-तिगुन
घोड़े दौड़े खच्चर दौड़े दौड़े हरकारे
पर न पार पाय सके लौटे हरकारे
लखूदास पहुँच गया देस।

'अरे राज्जो बजीरो तुम्हारा नास हो
हे गोलज्ज्यू महाराज गणनाथ जी
भूम्या देवता तैंतीस करोड़ देवताओ
तुम्हारा लाख-लाख धन्यवाद
कभी तो जग बदलेगा महाराज बदलेगी ऋतु
कभी तो भौंरे उड़ेंगे जुन्याली रातों में
छिनेगी राजा की सोने की तलवार
कृपा करना दाहिने रहना
तुम्हारी किरपा बिना सूरज न उगे
नदियाँ न भरें
फल-फ़सल न पकें

हवन-बलि-दान-पुण्य न हो दयालू
दया रखना
किरपा करना
यों इसी शिवदास का दादा लखूदास
भागता हुआ पहुँच गया देस!

क्षेपक-2

दुंग-दुगुड़-दुंग-दुगुड़
दुंग-दुगुड़-टप-टप-टप
छितिर-पितिर-धम-धड़ाम
टप-टप-टप-टपर-टपर

आज उसी मन्दिर में नौरात पर
बकरा काटने का इन्तज़ार करता
शिवदास सोचता है एक नया गीत
बल्कि गाता है, गाता है, गाता है...।

सुनो हो माँओ, बौणियो, सासुओ, बौराणियो...
सुनो बामणियो, ठकुराइनो, साहुणियो, शिल्पकारिनो...
तुम भी सुनो रे, पढ़-लिखकर
घाम में मक्खी मारते बेरोज़गारो
और तो और कटने के लिए मन्दिर लाए जाते
बकरो-कटड़ो तुम भी सुनो :
वे रानियाँ भी ग़ुलाम थीं
जो सोने की थाली में खाती थीं
ग़ुलाम थीं वे भी लखूदास शिवदास की तरह
इसलिए सुन लो सब यह नया गाना :
राज्जों, बजीरों का शास्त्रों-पुराणों का नाश हो
जिन्होंने हमें ग़ुलाम बनाया।

इन तैंतीस करोड़ देवताओं का नाश हो
जो अपनी आत्मा जमाए बैठे हैं
हिमालय की बर्फ़ीली चोटियों में
और हमारे मनों में।

अरे सुनो डूमो, धुनारो, लुहारो, दर्ज़ियो, कारीगरो, मजूरो
कितना सताया तुम्हें-हमें
इन पोथियों-पोथियारों, ताक़त वालों ने
इनका नाश हो
चलो मिलकर करते हैं इन पर घटाटोप।
देखो तो चबा रहे ये हमारे पहाड़ों को...
गुड़ की भेली की तरह
खा रहे सब हमारे जंगल
हमारी भरी-पूरी नदियों को पी जा रहे रेऽऽ
पर इनकी भूख-प्यास मिटती नहीं
असली भूत-प्रेत-मसाण-राक्षस तो यही हुए
इनका नाश हो।

इनका नाश करने को चलो जुटते हैं
सभी एक साथ
करने से सब होगा भाई
करने से सब होगा, बोला
करने से सब होगा :
अरे सखी, अरे मित्र!
"आएगा वह दिन ज़रूर आएगा दुनिया में
काहे होते हो निराश
मुंडी घुटनों से उठाओ
मत रहो फ़िज़ूल उदास
आएगा, वह दिन ज़रूर आएगा दुनिया में
चाहे हम न ला सकें

चाहे तुम न ला सको
मगर कोई न कोई तो लाएगा
उस दिन को दुनिया में..."*

जैंता एक दिन त आलो दिन वो दुनी में**

तिमिर दारण मिहिर

आँख बोझिल बहुत गहरी थकावट से चूर
और मन, उत्कट अँधेरा
विकलता से बुलाता हूँ मैं तुझे :
ओ तिमिर दारण मिहिर
अब तो ज़रा दरसो!

बकरी के झीने चमड़े से ज्यों मढ़ी हुई
इस दुर्बल ढाँचे पर यह काया
काठ बने हाड़-जोड़
बँधे हुए कच्ची सुतली से जैसे
दर्द पोर-पोर
वाणी अवरुद्ध
करुणा से ज़्यादा जुगुप्सा उपजाती है
ख़ुद अपने ऊपर काया अपनी।
फिर भी यह जीवित रहने की चाहना
इच्छा प्रेम की
लिप्सा क्या लिप्सा है घृणा-योग्य लिप्सा?

अपनी ही मुख गुहा में उतरता हूँ रोज़
अधसूखे रक्त और बालू से चिपचिपाती

---

* गिर्दा के एक प्रसिद्ध गीत का खड़ी बोली में कवि द्वारा किया गया भावानुवाद।
** गिर्दा की एक काव्य-पंक्ति।

उस सुर्ख़ धड़कती हुई भूलभुलैया में
अपने खटारा स्कूटर पर
कई राहें उतरती हैं इधर-उधर
भोजन और साँस की
या कानों की तरफ़ जातीं

कहीं मरे पड़े हैं रूखड़े-सूखे नालों पर
बन्दूक़ लिये नौजवान
कहीं एक नंगी औरत
मुझे आता देख अपना नुचा-खुचा जिस्म चुराती है
उधर दारोग़ा जी टोहते हैं
अपने डंडे से पेड़ पर लटकी लाशें
फिर सिलवा देते हैं उन्हें
साफ़-सुथरे पार्सल में।
दहकती हुई लाल-लाल
दर्द की शिराएँ हैं
अधटूटे दाँत चीख़ते हैं
मैं बार-बार ख़ुद को मुश्किल से खींचकर
स्कूटर समेत अपने ही मुख से बाहर लाता हूँ
इतनी कठिन और रपटन भरी यह डगर है

एक कौर चावल खाना भी
बेहद श्रमसाध्य और दुष्कर
जैसे रेत का फंका निगलना हो
फिर भी जीते चले जाने का यह उपक्रम
क्या यह लिप्सा है घृणास्पद चिपचिपी
लिप्सा तो नहीं है यह?

मित्रों का संग साथ चाहना
नई योजनाएँ

शिशुओं से अंट-शंट बात
करना हिमालय की बहुविध छवियों को याद
और नरेन्द्र मोदी की कलाई पर बँधी घड़ियों को
सोचना विनायक सेन कोबाड गांधी
और इरोम शर्मिला सरीखों के बारे में।
समाचार पुस्तकें कविता संगीत आदि
इनमें लिप्तता लिप्सा नहीं है?

एक हाथ की उँगलियों से
तानपूरे की अनवरत टंकार
दूसरे से पखावज की हल्की थापें—
बजा रहा है महाकाल
सृष्टि का विलक्षण संगीत
विविध नैसर्गिक-अप्राकृतिक
ध्वनियों-प्रतिध्वनियों
कोलाहल-हाहाकार की पृष्ठभूमि में
उसी सतत गुंजरण के बीच रची है मनुष्य ने
यह अनिर्वचनीय दुनिया
ब्रह्मांड के इस नगण्य ग्रह पर
पर्वतों-पठारों-नदियों-जंगलों-रेगिस्तानों
समुद्र और आकाश में विचरते पशु-पक्षियों
विशाल और सूक्ष्मकाय सरीसृपों
और अब तक नामहीन बने कीटों और
बहुविध प्राणियों के साथ

हे महाजीवन, हे महाजीवन
मेरी यह लालसा
वास्तव में अभ्यर्थना है तेरी
अपनी इस चाहना से मैं तेरा अभिषेक करता हूँ।

यह जो सर्वव्यापी हत्यारा कुचक्र
चलता दिखाई देता है भुवन मंडल में
मुनाफ़े के लिए
मनुष्य की आत्मा को रौंद डालने वाला
रचा जाता है यह जो घमासान
ब्लू फ़िल्मों वॉलमार्टों हथियारों धर्मों
और विचारों के माध्यम से
उकसाने वाला युद्धों बलात्कारों और व्यभिचार के लिए
अहर्निश चलते इस महासंग्राम में
हे महाजीवन चल सकूँ कम से कम
एक क़दम तेरे साथ
प्रेम के लिए
शांति के लिए
उन शिशुओं के लिए जिन्होंने चलना सीखा ही है अभी
और बहुराष्ट्रीय पूँजी के कुत्ते
देखो, उन्हें चीथने के लिए अभी से घात लगाए हैं

उसी आदमख़ोर जबड़े को थोड़ा भी टूटता हुआ
देखने के लालच से भरे हुए हैं
मेरे ये युद्धाहत देह और प्राण!
इस विश्वव्यापी हत्यारे कुचक्र की तीव्र गति को
रोक डालें महाकाल फिर
नई संघर्षशील मनुष्यता के सहयोग से
यही कामना है
यही है लिप्सा मेरी
हे महाजीवन, तिमिर दारण!!

[शीर्षक : निराला की एक कविता-पंक्ति, शांतिनिकेतन में मंजुरानी सिंह के घर श्री अजय के गाए उस गीत को साभार याद करते हुए] *(10.7.2014)*

सरल-कठिन

इस अँधेरे में तेज़ रोशनियों ने बचाया मुझे
या अक्टूबर की ओस से आभासित
चाँद की स्मृति ने
या तुम्हारे प्यार ने
मैं नहीं बताऊँगा।

इस बीमारी में
अब तक दवाओं और डॉक्टरों ने बचाए रखा मुझे
या किसी उम्मीद ने
या तुम्हारे प्यार ने
मैं नहीं बताऊँगा।

जीवन बहुत पेचीदा है
बहुत कठिन हो चुकी है यह दुनिया
मगर वे बातें सरल हैं
जिनसे आप इस कठिनाई को समझ सकते हैं।
मुश्किल यह है कि फ़िज़ूल क़रार दे दिया जाता है
आसान बातों को।
उन पर सवाल खड़े कर दिए जाते हैं।
यह भी एक तरीक़ा है शत्रुता का।
पता नहीं क्यों यह सभ्यता
सरलता की दुश्मन है।
अलबत्ता यह ध्यान रहे कि
सरलता भी आडम्बर न बन जाए
जैसा होता आया है अक्सर।

गोली बाबू और दादू

गोली बाबू बड़े मज़े से गाएँ बाएँ-शाएँ
दादू का ये हाल कि बिस्तर से भी उठ न पाएँ
आठ किलो के गोली नंग-धड़ंगू मौज-मदीना
बहा रहे हैं भाग-भाग कर अपना ख़ूब पसीना
दादू पैंतालीस किलो दम फूल जाए पल भर में
कहीं गिर पड़ें चोट न खा जाएँ कमर में सर में।
पाखी दीदी दिखें ख़ुशी से बस पागल हो जाएँ
दादी जी के बाल खोद दें मम्मा का सिर खाएँ

गर्मी में नंगू फिरने का शौक़ हुआ गोली को
खेंच-खेंच नन्हे अंगों को दुनिया को नापा करते
पूरी धरती को तैरा देते अपनी सू-सू में
भाँपा करते जगती को छोटी-छोटी आँखों से।

इसी जोड़बन्दी में साथी रोशन है यह दुनिया
और इसी में प्रवहमान है इसका ठाठ निराला
शामिल करके ख़ुद को मैंने जैसे-तैसे इसके
कठिन दिनों का काफ़ी हिस्सा देखो तय कर डाला। *(जून, 2014)*

मेरी निराशा

मैं कसके बाँधता हूँ अपने फ़ीते
अपनी निराशा में दाख़िल होने से पहले
आख़िरी बार गँदले शीशे में झाँककर
कंघी फेरता हूँ बालों पर
आख़िरी घूँट पी जाता हूँ गिलास से।
मुझे अच्छी तरह पता है आपका रास्ता

इतनी बार गुज़रा हूँ उससे
उसके पेड़ तक पहचानने लगे हैं मुझे।
यही अच्छी बात है निराशा के साथ
उसमें कोई समस्या नहीं होती
जिसका हल तलाशना परेशान करे।
लौटकर मैं खोलता हूँ जूते
अपने कसे हुए पैरों को आज़ाद करता
और घुस जाता हूँ
अपनी निराशा के गुदगुदे बिस्तरे पर।

नीली फ़ाइल

एक मेरी नीली फ़ाइल में रखे हैं
अस्पतालों के पर्चे
रासायनिक रिपोर्टें
अन्तर्छायाएँ शरीर के उपांगों की।
मैं एक पुल पार करता हूँ
जो एक नदी के कंकाल के ऊपर बना है
रेल गुज़रती है तो बालू आवाज़ की तरह उमड़ती है।
परछाइयो,
मैं ही हूँ मैं तुम्हारा
अरी धूप
कब तक पकड़े रहेगी दाँतों से कमबख़्त,
बादल का सलेटी दामन।

रामदास-दो

ख़ाली किया जा रहा है
बड़ा कमरा

कोई बरतन गिरता है ऊँचाई से
शायद कटोरा कोई
चकरघिन्नी काटता तीखा शोर मचाता
रोशनी रात और दिन विहीन
बिल्कुल साथ है
अस्पताल के सघन चिकित्सा कक्ष की तरह।
कौन रो रहा है बाहर?
कोई तीमारदार? किसी का गला काटा जा रहा है
गली में छुरे पर छुरा घोंपकर
भागा जा रहा है कोई
हल्के-सफ़ेद जूते पहन कर।
अरे खिड़की तो खोलो ज़ालिमों
एक पुकार तो लगाओ
वो जो मारा गया है अभी
वह भी एक मनुष्य ही है
उसी का नाम है रामदास। *(फ़रवरी, 2015)*

दरगाह हज़रत निज़ामुद्दीन

ख़ुश्क विलापों से फट गई है छाती
ऐसी तरेड़ें पड़ गई हैं गुम्बदों पर
कि कबूतरों के नोकीले नाख़ून
उनमें फँसने लगे हैं।
उठाओ,
हारमोनियम का लहरा उठाओ
उन ऊँचे सुरों तक
ताकि फुसफुसाहट भरी फ़रियाद में
बदल जाएँ
क़व्वाली के व्याकुल बोल।

पाँच सौ साल से भरी उन सदाओं से
बेहद भारी और नम हो गया है पसमंज़र
ऐसा कि
पतंगों को भी ऊपर उठाना मुश्किल
हो चला हवाओं के लिए
होटल, सरायों की जगह
बाइज़्ज़त तस्कर उचक्कों की
और ज़िन्दगी में प्रेम नसीब नहीं हुआ
शाहजहाँ की ख़ानदानी उन शहज़ादियों को
जो अनब्याही ही दफ़्न कर दी गईं
संगेमरमर की क़ब्रों में।
आशिक़ और माशूक़ के
दृष्टि-पथ के बीचोबीच
मसली हुई गुलाब की पँखड़ियों की लुगदी है सुगंधित।
जनाबे-ग़ालिब ताका किए ज़रा दूर से ही अपने तकिये पर उठंग।

(17 फ़रवरी, 2015)

मैं नहीं तनहा

मैं नहीं तनहा, सुबह के चाँद ओ ठंडी हवाओ
भोर के तारो
तुम्हारे साथ हूँ मैं,
वक़्त गाड़ी का चला है हो
मुझे मालूम है ये
बस ज़रा सा नहा ही लूँ और कपड़े बदल डालूँ रात के,
चप्पल पहन लूँ
साथ रख लूँ चार उबले हुए आलू—
हँसो मत तुम इस तरह से,
आसरे इनके हमन ने काट डाली उम्र!

और डॉक्टर साहब
अब हटाइए भी अपना ये टिटिम्बा-नलियाँ और सुइयाँ
छेद डाला आपने इतने दिनों से
इन्हीं का रुतबा दिखाकर आप
मुनाफ़ाख़ोरों के बने हैं दूत! *(4.7.14)*

आओ, ढिंग बैठ रहो

आओ, ढिंग बैठ रहो तनिक देर
निशा नील गहरी अति गहरी,
फिर तो बस बेला
क्या बेर की अबेर की।
फटा पड़ रहा आसमान तारों से
हवा बड़ी सुशीतल देह को आत्मा से जुड़ाती
आँखों में उठता है रह रह कर
नींद का गहरा झकोरा
भागती रेल में गोया सिर टकरा जाता हठात्
खिड़की से, चिहुँक चेत जाता हूँ
फिर भी लूँ देख तनिक बार-बार
फिर-फिर से बार-बार
तिल-तिल की जानी पहचानी उस छवि को
बरसों की संग साथ उस छवि को,
ढिंग बैठ रहो! *(2.6.2014)*

मेट्रो महिमा

पहली

सीमेंट की ऊँची मेहराब पर
दौड़ती रुपहली मेट्रो

गोया सींगों को तारों पर उलझाए हिरनी कोई।
मेरा मसोसा हुआ दिल
गोया एक हमसफ़र तेरा हमराह।
मुझे भी ले चल ज़ालिम अपने साथ
चाँदनी चौक करोलबाग़ विश्वविद्यालय वग़ैरह

मेरे लिए भी खोल अपने वे शानदार द्वार
जो कभी बाएँ खुलते हैं कभी दाएँ सिर्फ़ आवाज़ के जादू से।

दूसरी

अस्पताल की खिड़की से भी
उतनी ही शानदार दिखती है मेट्रो
गोया धूप में चमचमाता एक तीर
या शाम में ख़ुद की ही रौशनी में जगमगाता
एक तीर दिल को लगा जो कि हाय-हाय!
बेहतर हो चावड़ी बाज़ार उतरना और रिक्शा कर लेना बल्लीमारान गली
क़ासिमजान के लिए।

तीसरी

दृश्य तो वह क्षणांश का ही था मगर कितना साफ़
वह छोटी बच्ची चिपकी हुई खिड़की से देखती मेट्रो से बाहर की दुनिया को
उसके पार पृष्ठभूमि बनाता
दूसरी खिड़की का संध्याकाश एकदम नीला
मुझे देखने पाने का तो उसका ख़ैर सवाल ही क्या, पर मुझे क्या-क्या
नहीं याद आया उसे देखकर
माफ़ करना ज़रूरी कामो, जिन्हें गँवाया मैंने तुच्छताओं में
जिन्हें मुल्तवी करता रहा मैं आजीवन।

चौथी

हाय मैं होली कैसे खेलूँ तेरी मेट्रो में
तेरी फ़ौज पुलिस के सिपाही
ले लीन्हे मेरी जामा तलासी तेरी मेट्रो में
एक छोटी पुड़िया हम लावा
जैसे-तैसे काम चलावा
बिस्तर पर ही लेटे-लेटे खेल लिये जमकर होली
आं-हाँ तेरि मटरू में।

पाँचवीं

सुनुकसानम सुनुकसानम सुनुकसानम चलो नहाने
सुनुक सुल्लू छ तप्तधारा वसन्तकाले अति भव्यभूती
जब तुम राजीव चौक पहुँचो
हे अत्यन्त चपलगामिनी
तो कनाट प्लेस की समस्त नैसर्गिक तथा अति प्राकृतिक सुगंधियों को
मँगवा लेना अवश्य
तुम्हारा कोई भी भक्त किंवा दास
यह कार्य सहर्ष कर देगा बिना किसी उजरत के
मध्य रात्रि के बाद जब मोटे-मोटे पाइपों की गुनगुनी धारा से भरपूर नहला दिए जाने के बाद
(ऐसे पाइप अब पुलिस के पास भी होने लगे हैं दंगा निरोधन के लिए)
जब तुम्हें टपटपाता हुआ और एकाकी छोड़ दिया जाय
उस नीरव रंगशाला में
तब तुम बिना झिझक अपनी अदृश्य सुघड़ बाँहें उठाकर
काँख और वक्ष में जमकर लगा लेना उन सुगंधियों को
मानो अभिसार तत्परता के लिए
तथा

अपनी काँच से बनी सुन्दर आँखों से टिम-टिम देखना अपना अप्रतिम सौन्दर्य
जो सिर्फ़ इक्कीसवीं सदी में ही सम्भव था भारत में
अपनी वैधता और औचित्य प्रमाणित करने के लिए
इसीलिए अक़्लमन्द लुटेरे तुम्हें सबसे आगे करते हैं। *(13.03.2014)*

एक व दो

एक

पिछले साल मेरी उम्र 65 की थी
तब मैं तक़रीबन पचास साल का रहा होऊँगा
इस साल मैं 66 का हूँ
मगर आ गया हूँ गोया 76 के लपेटे में
ये शरीर की एक और शरारत है।
पर ये दिल, मेरा ये कमबख़्त दिल
डॉक्टर कहते हैं कि ये फ़िलहाल सिर्फ़ पैंतीस फ़ीसद पर काम कर रहा है
मगर ये कूदता है, भागता है, शामी कबाब और आइसक्रीम खाता है
शामिल होता है जुलूसों में धरनों पर बैठता है इंक़लाब ज़िन्दाबाद कहते हुए
या कोई उम्दा कविता पढ़ते हुए अभी भी भर लाता है इन दुर्बल आँखों में आँसू
दोस्तो-साथियो, मुझे छोड़ना मत कभी
कुछ नहीं तो मैं तुम लोगों को देखा करूँगा प्यार से
दरी पर सबसे पीछे दीवार से सटकर बैठा।

दो

शरणार्थियों की तरह कहीं भी
अपनी पोटली खोलकर खा लेते हैं हम रोटी
हम चले सिवार में दलदल में रेते में गन्ने के धारदार खेतों में चले हम
अपने बच्चों के साथ पूस की भयावनी रातों में

उनके कोमल पैर लहूलुहान

पैसे देकर भी हमने धक्के खाए
तमाम अस्पतालों में
हमें चीथा गया छीला गया नोचा गया
सिला गया भूँजा गया झुलसाया गया
तोड़ डाली गईं हमारी हड्डियाँ
और बताया ये गया कि ये सारी जद्दोजहद
हमें हिफ़ाज़त से रखने की थी।

हमलावर चढ़े चले आ रहे हैं हर कोने से
पंजर दबता जाता है उनके बोझे से
मन आशंकित होता है तुम्हारे भविष्य के लिए
ओ मेरी मातृभूमि, ओ मेरी प्रिया
कभी बतला भी न पाया कि कितना प्यार करता हूँ तुमसे मैं।

रामपुर बाग़ की प्रेम कहानी

यह कोई रूपक नहीं
न निजंधर न कूटकथा न मनोकाव्य
न व्यंग्य न परिहास
न समाजेतिहास न नृतत्त्वशास्त्र
यह ये सब कुछ है थोड़ा-बहुत
और सबसे बढ़कर थोड़ा दिमाग़ी ख़लल शायद
जैसी कि हर प्रेम कहानी होती ही है

कभी यहाँ एक नवाब का विशालकाय घना बाग़ था
आम-अमरूद-जामुन और कटहल का
यह पचासेक साल पहले की बात है

गणतंत्र बन चुका था
लेकिन राजे नवाब ज़िमींदार वग़ैरह भी थे ही

फिर पेड़ कटे
कोठियाँ बनने लगीं पहले थोड़ी भव्य
फिर क्रमशः आलीशानतर
कॉलोनी बनी जिसका नाम स्वतः पड़ा
या रखा गया
रामपुर हाता और कालान्तर में रामपुर गार्डन
अलबत्ता बाग़ रहा नहीं
मगर बन्दरों को
सँकरी सड़कों और हर मेल की
कारों-मोटरसाइकिलों-स्कूटरों से गची पड़ी
कुछ सजावटी पेड़ों के अलावा वृक्षहीन
इस कॉलोनी से
अभी भी बहुत लगाव है
यह शायद उनकी जातीय स्मृति हो
विध्वंस और विस्थापन के विरुद्ध
उनका सामूहिक क्षोभ!
उनके झुंड यहाँ बराबर छापे मारते रहते हैं

कोठियों की छतें उनके क्रीड़ांगन हैं
टेलीफ़ोन-केबल के तार
आम की लचकदार टहनियों की तरह उनके झूले
वे घरों से डबलरोटियाँ फल और कपड़े उठा ले जाते हैं
घुड़कते हैं हाउसकोट काफ़्तान पहनीं
अधेड़ गिरस्थिनों और उनकी युवा बहुओं को
जिनके पतिजन तो गए
अपनी दुकानों-दफ़्तर-कारख़ानों को

और औलादें व्यस्त
स्कूल-टीवी-मोबाइल में
उनमें कोई दिलचस्पी नहीं बन्दरों को
उनकी माँओं में शायद है

अपने छोटे-छोटे मोटे हाथों में
एक साबूत डबलरोटी थामे
तिमंज़िले के छज्जे से कुछ यों घूर रहा है
वह बलिष्ठ बन्दर श्रीमती चड्ढा को
कि उनकी कनपटी गर्म और कान लाल हो आए हैं

रमण की उन कल्पनाओं के रहस्य
केवल ऊटपटाँग रास्तों पर चलने वाले कवियों को पता हैं
या फिर उस मोटे बन्दर को
अपने टोले पर जिसका वर्चस्व असंदिग्ध है
लेकिन जिसका हृदय
इन दिनों एक मानुषी के लिए धड़कने लगा है
और श्रीमती चड्ढा?
इधर मंगलवार को प्रसाद चढ़ाते समय
पता नहीं क्यों उनकी आँखें पूरा पहाड़ हथेली पर उठाए हनुमानजी के
चरणों से ऊपर ही नहीं उठ पातीं

रात का खटका
'खटाक' से गिरता है
जैसे पिंजरे का द्वार।
अँधेरे में छत से आती है
एक प्रार्थना-भरी करुण कूक

नगर निगम ने बुलवाया है कहीं बाहर से

बन्दर पकड़ने वाला पेशेवर दस्ता
जिसकी फ़ीस है एक सौ सत्तर रुपये फ़ी बन्दर
बेचैनी से करवट बदलतीं श्रीमती चड्ढा
चोर निगाहों से देखती हैं
नशे और नींद में धुत्त अपने पति को
जिसकी लार एक हज़ार रुपया क़ीमत के
नफ़ीस तकिये को सतत भिगो रही है

और ऊपर एक वानर यूथपति
नवाब रामपुर के बाग़ का मूल अधिवासी
पूर्ण चन्द्रमा जैसे टीवी डिश पर
अपना शीश टिकाए
अन्धकार में आँसू भरे नेत्रों से
ताक रहा है तारों को
ढूँढ़ता उन्हीं में
आम का वह भव्य दरख़्त
अपने कुनबे का छीन लिया गया आशियाना
जिसकी शाख़ों पर केलि करते थे
उसके पुरखे-पुरखिनें

अब तो हज़ारों रातें बीत चुकीं
ठंडे सीमेंट से पेट सटा कर सोते हुए
बीत चुकीं लू-लपट से तपतीं
हज़ारों प्यास-ख़ुश्क दोपहरें
गर्म पानी से भरी पानी की टंकियों से जूझते
कुत्तों-पत्थरों और हुलकारती
हिंसक आवाज़ों से
कूदते भागते गए जाने कितने
सूखे विस्थापित दिन

लेकिन टाँड़ पर मार कर बतौर चेतावनी टाँगी गईं
सहजातियों की लाशें
भयाक्रान्त करने के बावजूद
मन्द नहीं कर पातीं
उस पुराने सपने का सम्मोहन

यूथपति एक प्रौढ़ वानर संकल्प लेता है :
फिर से यहीं बनाएँगे
अपना वह बाग़
फिर से प्यार करेंगे
पेड़ों की घनी-भारी डालों पर
सब विजातियों को भगा देंगे
बस एक उसी मानुषी को छोड़कर
जिसकी वसन्त में आम के नए पत्तों जैसे हरे परिधान में देखी
करुणामयी छवि
हृदय से उतरती नहीं
जो गोया उस पुराने भव्य आम्रवृक्ष
का ही कमनीय प्रतिरूप है

न कोई रूपक न निजंधर
न व्यंग्य न समाजेतिहास
थोड़ा दिमाग़ी ख़लल, बस, शायद।

अरे अम्मा!

अरे अम्मा!
चार बरतन, और वो भी गए न तुमसे सँभाले?
क्या कहूँ लल्ला,

हुआ बस ये
कड़ाही में जो पकाया था, साग आलू का
उसी में लपटा कर भात
जमकर खा लिया मैंने हथेली से खेंच कर
वहीं नल के तले रख दिए भाँडे
अभी धोकर सहेजूँगी, हमेशा की तरह।

मगर ऐसी बिकट आई नींद
चलती थी पुरवाई असाढ़ की
मैं तो लुढ़क गई खटिया पर बिना दरी के ही
'ज़रा झपकी ले लूँ' यही बस सोचकर,
तभी नासपीटा कोई आकर दबे पाँव
उठा ले गया जूठे ही बरतन।
ज़रूर हरीस होगा, शुक्लाइन का पोता
वही ठलुआ है कॉलेज में पढ़ कर भी घूमता है बेकार
इलेक्शन के दिनों में
'अच्छे दिन-अच्छे दिन' कह कर
दरवाज़ा पीटता था रात में, नशे में टुन्न।
सुना अब तो लगी है उसको
स्मैक़ की
चाय। *(3.7.2014)*